# 我是文学家

郭德纲 著

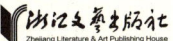

果麦文化 出品

# 目 录

| | |
|---|---|
| 1 | 61 |
| 李白 | 《山海经》 |
| 11 | 70 |
| 李清照 | 三国 |
| 20 | 117 |
| 屈原 | 水浒 |
| 31 | 127 |
| 柳永 | 大隋唐 |
| 41 | 147 |
| 冯梦龙 | 《狄公案》 |
| 51 | 157 |
| 唐伯虎 | 女刺客列传 |

# 李白

从古至今，一提爱情故事，甭管是悲情的还是圆满的，大家都爱看都喜欢。为啥呢？憧憬呗，羡慕呗。现代人您看啊，总爱跟网上发牢骚：您知道现在找个对象有多难吗？要浪漫，还得有情调。好容易修成了正果，登记结婚，也未必就能踏上幸福美满的生活。还有那过来人告诉您说，路还远着呐，跟唐僧取经似的！网上还总说妈宝男啊、凤凰男啊、直男癌啊、扶弟魔啊，都是择偶路上的重灾区。谈浪漫？您还别说，跟吆五喝六的丈母娘比起来，这俩字儿反正够奢侈！

话说回来了，现代爱情故事不好找，古代的浪漫题材可不少呀！有人问了，说有没有一个，堪当古代浪漫主义代言人的呢？您还真别说，有一位，就是赫赫有名的"诗仙"李白。

天下人总说，这浪漫是奢侈品，是高台上的情怀，可偏偏李白就当了真。看月亮，浪漫！喝美酒，浪漫！跟哥们一块儿聊天，浪漫！按理说，这样的人，应该家庭生活非常幸福。浪漫嘛，代表着情商高，这主儿呢，文笔还好，一定很会写情书，很会谈恋爱，才符合他的人设。可千猜万猜您也没猜到，这么浪漫多情的李白，也有陷入婚姻围城的时候。人家已经是"谪仙人"了，从天上被打下来的神仙，也为柴米油盐酱醋茶忧心烦恼。

　　李白一生交往过多少对象呢？至少四位。正娶的有两位，被记载下来同居的还有不少。就是这几位女同志，给李白结结实实上了一课，什么叫"自古多情空余恨"。

　　哪多情呢？恨什么呢？这得从头说。
　　李白这个人呐，从小就赢在起跑线上，出身有钱人家，从小锦衣玉食，花钱大手大脚。长大后，爱旅游、爱喝酒、爱舞剑、爱写诗、爱显摆，这些大伙儿都知道。那么大伙儿更应该知道，搞兴趣爱好那是得有资本的，对吧？您这儿吃碗面加不加鸡蛋还琢磨呢，就别出去旅游了。还天天喝高档酒？那不可能。李白怎么回事儿呢？他有个道儿，这道儿还不错，就是娶个有钱的老婆，当倒插门的女婿。
　　公元727年，经孟浩然撮合，李白娶了前宰相许圉师家的孙女许氏，这是李白的头一门亲事。娶了富家千金，还顺带解决了温饱问题，李白的日子无比惬意。不久之后，许夫人给李白生了俩孩子，一个男孩一个女孩，夫妻俩关系还不错。然而好景不长，许夫人命薄，婚后十一年就得病去世了。老婆死了呢，李白也不好意思再久居人下，就继续启程当追梦人去了。但是李先生这大诗人，桃花运来得挺快，许夫人死后的第二年，李白就遇到了刘氏。

这两人为什么能到一起呢？有一种说法，您可能会诧异：因为李白缺钱。李白还会差钱？那是，他没工作呀，花钱还特别凶猛。他诗文里不是说了吗，"金樽清酒斗十千"。有人问了，十千，多贵？拿唐玄宗时期的米价来说，一个开元通宝最多能买三斤米，换算到现代，起码一个铜钱得有六块钱人民币。十千是多少呢？六万块！这个浪漫……是够奢侈的。

除了爱喝高档酒，李白还爱旅游。没钱喝酒的时候，他还可以"五花马，千金裘"地来换。那么没旅费了呢？这个时候，刘氏就出现了。

刘氏是个寡妇，有钱的寡妇。之所以会和李白在一起，想必也是仰慕他的才气，万一以后能当个大官呢？自己就是官夫人了，就当是个长线投资吧！但那个时候的李白就是每天喝酒、旅游，也看不出有什么前途。于是刘氏就天天给李白使脸色。吃人嘴软，拿人手短啊，李白呢就忍着。但他忍不长啊，这样的婚姻当然不能持久，李白后来就和刘氏分手了，分手之后还一肚子气呐。后来《李翰林集序》记载李白和刘氏的交往时没有用"娶"字，用了一个"合"字，就像咱们现在说的同居关系。咱要分析啊，可能李白也不愿意承认这段伤心的感情。

同样被用以"合"字的，还有另一位女同志。这大姐呢，更惨了，跟堂堂的大诗人李白交往，最后连个姓名都没有留下来。在介绍李白生平的《李翰林集序》里，只用了"鲁一妇"三个字来介绍。鲁一妇什么意思呢？鲁是山东，鲁一妇就是一个山东妇女。至于她究竟算不算李白的妻子，因为没有更多的史料记载，咱也不能给人家瞎编。

天宝元年的秋天，在外潇洒了很久的李白，终于被唐玄宗召唤入京，供奉翰林，这段时间应该是他人生中的高光时刻。据《〈唐李翰林草堂集〉序》记载，皇帝亲自"御手调羹以饭之"。就是说皇上啊，几乎要亲自给他喂饭，那李白能不开心吗？这可是开创了开元盛世的唐玄宗，大唐的圣人！皇帝亲手给自己调羹，这是能吹一辈子的事儿。为了嘚瑟一下，他写了不少诗炫耀，其中有赴京前专门写给前任刘氏的:"会稽愚妇轻买臣,余亦辞家西入秦。"

"会稽愚妇轻买臣",说的是朱买臣。想当初也是一读书人,一心求取功名,但是一直没成功,家里媳妇儿瞧不起他:你太穷啦,咱俩离婚吧,你给我写个休书,以后咱算拉倒了。朱买臣没辙,给她写了个休书。到后来,朱买臣做了官,回来路上碰上自个儿前妻。前妻这些年混得很落魄,跟街上要饭呢,说:你还要了我得了。朱买臣说当初你那样,现在我要你也行,来一盆水泼在地上:你把这水收回来,我就要你。这媳妇一瞧呢,就上吊死了。

李白这意思就是,你看看你,当初看不起我,现在后悔了吧?然而李白没想到的是,没有政治经验的他,干不了体制内的活儿,还遭到了权贵们的诬陷。很快,他就又下岗失业了。然而他虽然失业、当不成官了,可是在这之后收获了一份新的爱情。

这就是李白的最后一任妻子。新娘姓宗,是前宰相宗楚客的孙女。为什么会是"前任"宰相呢?因为宗楚客犯了政治错误被杀了,家境自然也就不如以前。但瘦死的骆驼比瘦死的马大,论人脉论钱脉,李白那是万万比不上的。于是这一回,他又一次当了前任宰相家的上门女婿。

看来李白的择偶条件还挺苛刻,非得是相门之后才能当妻子，普通的妇女只能同居。不过这次的上门女婿，当得比上回要轻松一些，夫妻二人非常恩爱。李白学道，宗氏也学道，夫妻俩琴瑟和鸣。甚至在写给好朋友元丹丘的诗里，还说自己夫妻两人想要"提携访神仙，从此炼金药"。

也幸好是这一段姻缘，拯救了后来的李白。李白这个人是真想当官，好施展自己的抱负，可玄宗只把他当作舞文弄墨的文学顾问。恰恰是在安史之乱的时候，永王李璘向他抛出了橄榄枝。李璘是什么人？为什么要向他抛出橄榄枝呢？《新唐书》记载说他"貌陋甚，不能正视"，太寒碜了！都不能正眼儿瞧，这得有多丑？老话说得好，丑人多作怪。永王李璘趁机起兵谋反，搞得轰轰烈烈，结果很快就打败了，小命也没了。李白呢，这回押错宝了，成了战俘，基本上就是等着掉脑袋吧。在这节骨眼上，宗氏对李白不离不弃，利用自己家族的关系和钱脉为李白四处奔走。正赶上当时大赦天下，李白这才保住了一条命，但也落得个流放的下场。不过李白还是很感动的，他在诗文里写道："多君同蔡琰，流泪请曹公。"把宗氏比作了蔡文姬，说她就像当年蔡文姬哭着请求曹操宽恕一样，替他找那些大人们求情。

说到这儿呢，又想起了一句俗话：上帝给你关上门，又给你打开了窗户。李白这一生虽然在婚姻上历经坎坷，但是他的诗文影响了千年，也正因为如此，在漫长的千年时间里，总有人想把浪漫的故事套在李白的头上。你看李白和大唐玉真公主的事情，就被拿出来让大家遐想了。玉真公主是谁啊？好家伙，来头可不小——唐玄宗的亲妹妹，女皇武则天的孙女，大唐的文艺女青年。她为玄宗皇帝引荐了很多的能人志士，除了李白外，还有一位大能人——王维。

那时候的王维还是翩翩少年，一首千古琵琶名曲《郁轮袍》，恨不得让台下的导师玉真公主马上为他按灯转身。琵琶弹得那么好也就算了，还会写诗："红豆生南国，春来发几枝。愿君多采撷，此物最相思。"这哪是人才呀，简直是极品！玉真公主连当初内定的人选都抛在了脑后，立马把王维奉为座上宾。这一年王维多大呀？列位，二十三岁！

当王维在长安名贵交际圈里大红大紫的时候，李白在干吗呢？他还在游山玩水，做登山客。俗话说得好：男儿求官不刻苦，不如回家卖红薯。李白每天喝那么贵的酒，再这样下去怕是连红薯都没的卖。李白很着急，怎么办呢？托关系吧，四处找人求职，举荐自己。后来经人介绍，认识了玉真公主。这回又该怎么办呢？总得给自己来一个开场白，在公主面前留个好印象什么的。李白呢，就给她写了一首诗，名字很直白,就叫《玉真仙人词》:"玉真之仙人,时往太华峰。清晨鸣天鼓,飙欻腾双龙。弄电不辍手,行云本无踪。几时入少室,王母应相逢。"李白知道玉真公主这人信奉道教,还身体力行地做了道姑,所以这首诗就是投其所好地夸她,仙人啊王母啊,夸得很到位。玉真也很受用,欣赏他的才气,就向唐玄宗推荐了他。咱们先前讲到,李白被举荐觐见玄宗皇帝,最后被授予了翰林供奉的官职。举荐他的人里边,就有玉真公主。

话说回来,李白和王维其实是挺有缘分的,两人岁数相同,都是公元701年生。他们俩不仅同时被玉真公主举荐过,还都是孟浩然的好朋友。按理说,李白和王维混同一个社交圈,就算不是朋友,好歹也该认识,可奇怪的是,他们从未同框过,就好像互相屏蔽了对方朋友圈似的。坊间传闻,说他俩是情敌,争风吃醋都来不及,哪儿有工夫搭理对方?而且文人之间最是相轻,所以老死不相往来。不过这一切都是后世的猜想,并没有实质的证据。

那民间关于玉真公主跟李白的绯闻,是怎么来的呢?大伙儿应该都会背李白的一句诗:"相看两不厌,唯有敬亭山。"小学语文课本上的古诗文鉴赏就有。据说,玉真公主晚年在敬亭山修仙求道,如今敬亭山上还有记载着玉真公主事迹的石碑。所以有人怀疑,《独坐敬亭山》这首诗,是李白写给心目中的灵魂伴侣玉真公主的。你要这么想,也不足为奇,而且李白还在玉真公主的住处,也就是终南山下的玉真公主别馆待过一段时间,这就显得两个人的关系有些暧昧。只不过你要是追根溯源,公主其实比李白大了近十岁,他俩到底是单纯的道友和诗友的关系,还是追求道法的玉真动了凡心,又或者是李白的一厢情愿呢?这个咱们就不知道了,真实的情况早就湮没在历史的长河中。就算真有爱慕之情,身为唐玄宗的亲妹妹,追求道教仙骨并且还是不婚主义者的玉真公主,想必也不会让人流传出去。

说到最后,大伙儿还是愿意相信一个浪漫的李白身上会发生浪漫的故事。然而现实中的李白,爱情也好,事业也好,都跟他所描绘的理想世界有很大差距。李白是复杂的,他豪迈过,深情过,也毒舌过……谁能知道哪个才是真正的他呢?有人说,李白的才情直上云天,"谪仙人"之称当之无愧。也有人说,李白成天就知道喝酒、吹牛,说自己"十步杀一人,千里不留行""杀人如剪草,剧孟同游遨",活脱脱一个大唐的古惑仔,结果连几个街头混混都打不过。他还整天游山玩水,不事生产。站在妻子的角度看,摊上这么一个主儿，也是一言难尽。这么说，刘氏当初抛弃他，也没什么错。

谁是谁非？一千多年后的我们已经没办法判断了，毕竟咱们也不是当时的旁观者，不能对人家指指点点。但有一点可以肯定，读者在阅读诗文的时候，那些想象中的浪漫情怀，不一定和实际情况吻合。自古文人墨客就掌握着书写的权力，用文字给自己的形象加持完美的光环，可您哪知道，浪漫的诗意情怀下，又有多少辛酸苦辣的现实呢？

# 李清照

跟您聊聊"女神"。

女神,词典里是这么解释的:对女性的神明或者至尊的称谓,指神话传说中的女性至高存在。后来啊,女神这个词儿就被引申为一切善良、纯洁、高素质、气质脱俗、容貌美的女性。一句话总结吧,女神就是白富美。

那么,我们古代有没有女神呢?一般人都知道,我国历史上有四个大美人儿,西施、貂蝉、王昭君、杨贵妃,这些女神靠颜值吃饭。还有四大才女,卓文君、蔡文姬、上官婉儿,再一个叫李清照,她们是靠才华出名。其中这位李清照女神,她其实不单单有文学界女神的气质,同时还具备混娱乐圈的潜质:打牌、喝酒,还有点坏坏的小性格。

唐诗、宋词、元曲、明清小说,大家都不陌生,今儿咱单聊一下宋词。说到宋词那太多了,您看有这么几句啊:"东篱把酒黄昏后,有暗香盈袖。莫道不消魂。帘卷西风,人比黄花瘦。"还有这么一首:"寻寻觅觅,冷冷清清,凄凄惨惨戚戚。"大家是不是一拍脑门,感觉倍儿熟?没错儿,没准你中考或者高考的时候,语文卷里头的诗词填空还考过。

这两首词,就是李清照写的。她的个人简历是这样的:出身北宋的书香门第,小时候家境特别优越,长相又很出众,父亲李格非是个大官,同时还是个收藏家,家里边存了很多珍贵的书籍。所以,李清照小时候就在良好的家庭环境中打下了文学基础,特长是写词。长大以后,跟丈夫赵明诚共同致力于书画金石的搜集整理工作,恩爱无比,写的词儿就表现出了她的闺中生活,过得很悠闲。靖康之变发生后,金兵占领中原,李清照流落南方,丈夫去世,她孤苦伶仃,写的词儿基本都是悲叹身世和怀念亡夫。

后人把李清照写的诗词称为婉约风格。什么叫婉约风呢?就是侧重儿女风情,深闺幽怨,语言清丽,带着一点儿阴柔。刚才咱们念的几句就是典型的婉约风。

清代的文坛领袖王士禛,在《花草蒙拾》中评价:"婉约以易安为宗,豪放惟幼安称首。"什么意思呢?就是说婉约派首推李清照为宗师,豪放派是以辛弃疾为代表。这里基本就囊括了人们对李清照的普遍评价:宋词婉约派大咖。

但是,褪下这位大宋女神的光环,她不为人知的一面儿吓人一跳:热衷赌博、爱喝酒、闷骚、可爱……

要说娱乐行业一般有什么呢,大家肯定说:歌厅、舞厅、卡拉OK、高尔夫、保龄球、网吧、游艺场,等等。其实赌博业也是其中的一种。那么李清照应该是大宋娱乐业,或者说赌博业的一颗耀眼之星。

为什么这么说呢?因为她特别爱赌,而且不是一般的赌,不仅沉迷赌博,据说还从来没输过,简直就是赌神!

在宋代流行着一种赌博方法,名叫"打马",是古代一种棋牌游戏。李清照就非常喜欢这个打马游戏,是牌桌上的常客。不是瞎说,李清照在《打马图序》中写过一段话,大概就是说:赌博没有别的诀窍,就是找到争先的办法而已,所以只有专心致志的人才能学得好。我天性喜欢赌博,只要是赌博我就沉迷于其中,每每废寝忘食。不过我赌了一辈子,不论多少,逢赌必赢,这是什么道理呢?不过就是我玩得精罢了。

一到赌桌就废寝忘食，而且赌了一辈子，不论赌什么没输过，真是神一般的女子。

逢赌必赢的李清照不但爱玩牌，还发明了一种新的玩法："命辞打马"。赌神为了让世人知道这是她的发明，还写了一首词。

李清照在《打马图序》中记载了一段话，大意是："我特别喜欢依经马，就把它的赏罚规则研究透了，为每条规则写几句话，附在规则后面，让我的晚辈把它画下来。不仅赌博时有用处，对于好事者来说，也确实有意思。让后世的人都知道，玩儿这个，是打我开始的。"这就看出来了，李清照对赌博有多迷恋。根据记载，李清照一生精通二十多种赌博方法，而且还为自己最爱的赌博游戏打马出了三本书。

对于赌呢，有的人是为了养家糊口，有的人是为了休闲娱乐，还有的人纯粹是追求刺激。李清照都不是。她是天生喜欢赌，愿意争一个高下。即便后来靖康之变，她南下以后过着很凄惨的生活，依然没有忘记赌博。

"人生得意须尽欢，莫使金樽空对月。天生我材必有用，千金散尽还复来。"这首诗叫《将进酒》，大家都知道是李白写的。李白写诗是一绝，喝酒也是一绝。他写下的诗作中，十多首都跟酒有关系。

李白那是爱酒如命的人,因为酒是激发他创作灵感的灵丹妙药。那么,李白喝酒有多厉害呢?据说有一次他连续喝了两天一夜,连休息都顾不上,所以提到古代爱喝酒的诗人,大家第一印象就是李白。不过男人喝酒再正常不过了,假如古代女人喝酒,你会感到震惊吗?

可以这么说,如果李白的酒诗是唐诗一绝,那么李清照的酒词就是宋词一绝。在女诗人中,能把喝酒、醉酒、醒酒写得千姿百态的,李清照是第一人。她的存世诗词里边,据统计有二十三首是关于喝酒的,从比例上来说比李白还多。

她不仅喝酒,还爱喝那种扶头酒,就是烈酒,跟现在说的闷倒驴差不多。但问题在哪儿呢?李清照喝酒跟赌博不一样,赌博是逢赌必赢,喝酒是逢饮必醉。为什么爱喝酒呢?当然跟她的人生经历息息相关。年轻的时候,青春浪漫,以酒会友;结婚以后,两口子一块儿喝,品酒谈诗,高高兴兴;丈夫去世之后,借酒浇愁,酒入愁肠,愁更愁。

比如《醉花阴》,这是李清照写的最有名的一首喝酒佳作,一句"东篱把酒黄昏后,有暗香盈袖"传诵千古,不知道这句,都不好意思出门。陶渊明东篱采菊,李清照东篱把酒。只要有一颗诗心,两件不同的事能做得一样富有诗意。

《忆秦娥》里，李清照写过一句"断香残酒情怀恶"。心情愁闷呐，思念去世的丈夫，点了根香，喝点儿小酒，爬到楼上，吹吹夜风。爱品酒的朋友都知道，酒后吹点凉风，能让你保持头脑清醒。李清照懂这个，喝一点出去吹吹风，不能让自己一直在愁闷之中！

还有一个故事，李清照年轻的时候有一回喝多了，误入莲花深处，瞬间清醒，赶紧找回家的河路。这件事她记录在成名词作《如梦令》里边："常记溪亭日暮，沉醉不知归路。兴尽晚回舟，误入藕花深处。"

会撒娇，估计是所有女人的天赋，有才华的女子如果再多一分娇俏可爱，那更是萌萌哒。千古才女李清照也不例外。

提到这位宋代女神，各位的心里可能都有点儿心疼。这个写出了"帘卷西风，人比黄花瘦"的痴情女子，一生都在为情所累，以至于有人觉得，正是因为和赵明诚的这段情缘，才让她晚年如此凄苦。假如从来没有相遇过，她的晚年是不是另一番光景？

这个不好讨论，"张飞打岳飞，打得满天飞"。不过非要较真的话，我倒觉得未必。正是由于李清照的痴情，才能有那么多的传世佳作。更何况也是因为这段情，展现出了李清照的率真可爱，还带着一点点闷骚。

　　李清照喜欢写日记。未嫁之前，日记本里写道："今天好开心，听我爹说未婚夫要来我家做客。他到底长什么样子啊？帅不帅啊？脸上有没有麻子？胡子多不多？哎呀，真急死我啦。"可是女孩儿又不能出去看，就假装在院子里遛弯儿，偷看一眼自己未来的老公长什么样：就要结婚了，我要给对方留个好印象。这则日记，被李清照以词的方式记录在《点绛唇》里。这首词是李清照在少女时期写的，描述的是与丈夫赵明诚的初次会面。由此可见，李清照的过人才华，在少女时期便崭露头角。

　　后来，李清照和赵明诚结婚了，婚后生活如胶似漆，特别恩爱。有一天，两人在街上闲逛，李清照的心情特别好。在《减字木兰花·卖花担上》这首词里就说：卖花的担子从我们面前经过，我买了一朵待放的春花。这花儿十分动人，上面的点点露珠就像美人眼中的泪水一样，令人心醉。我怕丈夫看见了如此美丽的花儿，觉得我不如它好看，于是把它插在头上，我倒要让他看一看，到底是我好看，还是这花儿好看？

　　您看这回，事儿其实不大，李清照给我们描述了一件非常有趣的小事。看似平淡的几句话，写活了一个娇俏可爱的女子，写尽了她不凡的才气。

为什么说她有才气呢？列位，如果您老婆问："老公，到底是我好看还是花好看？"您怎么回答？一般的男同胞肯定不假思索地说：当然是老婆好看！

如果您这样回答，一般的女孩肯定喜欢，但是对于李清照这样的才女来说，她肯定希望自己的丈夫是个真君子，你光说这些个客气话、虚头巴脑的假话，她就觉得没意思了。其实不管怎么回答，这个问题都不太好接。才女的招，是真不好接！

对于李清照的率真，宋朝有个叫王灼的人，是个老学究，他看不下去了。接受程朱理学的他，对于李清照写的这些描述儿女相思情爱的词，看着就跟洪水猛兽一般。他在《碧鸡漫志》里评价说：李清照的诗词啊，简直就是把街上这些个黄色的段子随便插进去。自古以来，士大夫家能够写文章的妇女，没有谁像她这样不知检点的！

这玩意儿……怎么说呢？仁者见仁，智者见智。当年这个叫王灼的封建老学究，说完这些话可能觉得自己都是理——逮着带把儿的烧饼了。当年估计也会有人支持他：王老先生说得对！说得我们这些人精神一振！把李清照的作品撕碎！这很有可能。但是时光荏苒、岁月穿梭，千百年过去了，一提"李清照"这仨字儿，无人不知无人不晓。提王灼，您还得跟人现介绍。公道自在人心，天下的事儿，有时候矫情是没有意义的。

# 屈原

有的时候没事呢,晚上忙完了我也喜欢捧个iPad听点儿什么,或跟网上看点儿什么,就觉得半夜看吃播是个乐趣。这玩意儿挺坑人的!本来觉得不饿,但看着各种大胃王、美食家,嗬,天南海北的,国内国外的,尽是咱们轻易吃不着的东西:深山老林他弄一大蜥蜴,跟那就烧,烧完就吃,再来半个蛤蟆跟那就弄……哎呀,铺天盖地,挺好玩儿!

网上各种吃播兴起之后,好多人看了都喜欢在家露一手,其实呢就是大伙儿都喜欢吃。不管是喜欢吃还是爱做饭,自古以来,"吃"都是中国人津津乐道的话题。

虽然古代的作料不如现在丰富,也没有那么多高档的厨具,但是热爱美食的人还是一大把。您比如美食家苏轼,还有商朝的开国宰相伊尹，等等，很多人。除此之外，还有一位古代的美食发烧友，特别热衷于品尝各种美食，要是说起古代编写菜谱的大师，这位先生认第二，我估计没人敢排第一，连苏东坡啊伊尹啊这些位也统统得靠边站。

谁呢？不是一般人，是战国时期楚国的爱国诗人，"楚辞"的创立者和代表作家——屈原。他的另一面，就是一枚如假包换的吃货，不仅爱吃，还把战国时期的众多美食编成菜谱，流传后世。

在讲屈原主播与菜谱的那些事儿之前，我们岔开话题，先跟大伙儿说一说公元前340年中华大地上发生的一些事儿。

这一年，赵武灵王出生，就是胡服骑射的那位，特别有名。同年，楚威王即位，扩大了楚国疆域。还是这一年，在楚国西部，现在的湖北省宜昌市，一个姓芈的婴儿呱呱坠地，这就是屈原。

电视剧《芈月传》最大的好处是普及了历史知识，大家都知道了芈家是楚国的皇亲国戚。屈原就是含着金钥匙出生的，长大之后表现出了过人的才华。楚怀王觉得这屈原不赖啊：才华高，又是本家儿，一定要加以重用！于是屈原在二十多岁的时候被召到国都，得了一个叫"左徒"的官职，相当于国务院副总理那意思吧。这就不得了了！开始在政坛大放异彩，不仅制定了各项法令，还联合各国一起对抗秦国，让楚国一度有中兴之兆。

只不过，好景不长。据《史记》记载，楚怀王听信谗言，把屈原赶出了都城，流放到穷乡僻壤。在这种境遇下，他写下了忧国忧民的《离骚》《天问》等不朽诗篇。

眼看自己的祖国被秦国侵略，屈原心如刀割呐，五月五，身投汨罗江，死了。父老乡亲们得知屈原投江的消息，都划着船去找他去，担心鱼虾啃了他的尸体，就把饭团丢到江里。打那儿起，五月五，大伙儿过端午节，龙舟竞渡吃粽子，纪念这位诗人。

说的这些是正史对屈原的描述，但是，除了苦情的政治生涯、浪漫的文学创作感动了无数人之外，您可能想不到，他老人家还是文化美食的始祖之一。

世界上好像没有哪个国家的文人，像中国的文人这样爱吃、会吃，还能把吃写好。除了当官，屈原还是一个战国的吃播，而且是官方认证的大V！经他记录下来的美食有数十种之多，历经两千多年依然经久不衰。

看过《芈月传》的都知道，楚国本来是战国七雄里边的强国,拥有非常雄厚的国力,但楚怀王任用了奸臣子兰、靳尚,宠爱南后郑袖,排斥屈原,导致国力每况愈下。公元前313年,张仪欺骗怀王,要他以和齐国断交为代价,来换取秦国割让六百里的地盘。怀王一琢磨,这个很好啊!就同意了。不过呢,跟齐国断交之后没得到六百里的地盘,只得了六里地。怀王气的呀,发兵攻打秦国,但是惨败,再次征集全国的部队发动进攻,又兵败如山倒,楚国就此走上了没落的道路。

公元前299年,秦国攻占了楚国的八座城池,秦昭襄王约楚怀王在武关会面。怀王不听屈原的劝告,前往武关,结果被秦国扣留。秦王胁迫怀王割地,怀王不干,结果一直被秦国扣留,最后病死在咸阳。

招魂,是古代通行的礼俗,既可以招死人之魂,又可以招生人之魂。中国的古人相信人是存在魂魄的,楚国又崇尚巫术,屈原也不例外,他决定通过招魂召回怀王的魂魄,同时把这种宗教行为升华成艺术,写成了《招魂》。全诗以楚国传统的巫术语言,缅怀了客死秦国的楚怀王,召唤他的魂魄回归楚国。您要是带点调侃地看这个诗啊,屈原他是连哄带吓唬再加上引诱,这么吸引魂魄的。

原文太绕口,咱们直接翻译成大白话,意思是说:"怀王啊，回来吧！东方不可以居住，那里的人身高千丈，就等着弄你的魂儿呐。十个太阳轮番照着，石头、金属都烤化了，他们习惯了所以不怕，但您的魂儿必定被烤化了。"接着，屈原又说南方不好、西方不好、北方不好、天上不好、阴间不好，又恐怖又危险，这不好那不好。到底哪儿好啊？欸，家好！最后说回了楚国的首都：辉煌的宫殿，成群的美女，诱人的美食……

好家伙，啰里啰唆说半天，关键来了：都有什么诱人的美食呢？

屈原提了很多，您看这"稻粢穱麦，挐黄粱些……腼鳖炮羔……"这玩意儿念着都费劲，郭沫若先生给翻译成了白话：主食有小米、黄粱、油炸的面饼；荤菜有肥牛筋、羊羔肉、卤鸡、红烧甲鱼、煮天鹅、烩水鸭；汤有酸辣汤；甜品有冰冻米酒、酸梅汤、酸浆。

屈原呈现给我们的是一份有趣的战国食谱，如此丰富，如此完整，而且又是两千多年前的一手资料，在今天所能见到的古文献里实在太稀罕了。长期以来，饮食界一直认为菜谱起源于16世纪的法国，其实啊，屈原的《招魂》就是正儿八经的菜谱，应该也是世界上的第一份菜单。

这份堪称中国最早的"抒情菜谱"，以诗歌的形式表现出来，充满了文化气息。咱们可以猜想，他诗中提到的这些美食这么具体，屈原肯定是吃过，要不然他写不出来啊。

战国七雄各领风骚，各有各的美食。比如屈原在《招魂》里还提到了吴国，也就是吴王夫差的那个国家，说他们爱喝酸辣汤。不过屈原先生有爱国情结，别的国家的菜记录不多，记录最多的还是楚国本帮菜。

《楚辞》里边记录的美食有三十多种。从诗文看，他对肉食有着无与伦比的执着，列举的有牛、羊、狗、豺狼、乌龟、鸡、鹌鹑，等等，远远超出了《周礼》里边列举的周王所享用的"六牲"。六牲就是马、牛、羊、猪、狗、鸡。

屈原毕竟是当过楚国副总理的人，在国宴上肯定能吃到楚国最上等的菜肴。被奸臣排挤遭流放期间，他又能吃到楚国最普通的地方菜。也就是说，屈原一生的饮食足以反映战国特别是楚国的饮食特色。那么，他到底都能吃到些什么呢？

前边儿咱们说了，在《招魂》里，描述完天堂地狱之后，他就直奔吃的主题：肥牛蹄筋、烧甲鱼、烤羊羔……在另一首叫《大招》的诗里，他提到了猪肉酱、狗肉干、煎鲫鱼，还有各种野味，比如烤乌鸦和山雀汤。

聊了这么久,咱们说说楚国菜怎么做!

咱们现在出去吃饭,有一道菜叫"五谷丰登":土豆啊、红薯啊、紫薯啊、玉米啊、山药啊、花生啊拼在一块儿,蒸熟了上桌,五颜六色的,看着诱人,吃着有味儿。您甭以为这个菜是现代人的专利,其实早在两千五百年前的楚国,就有了古代版的"五谷丰登"。

按《九章》分析,屈原被奸臣陷害流放到了南方。《楚辞》里也有记载,流放到南方之后,他发现当地老百姓的餐桌上有不少好东西,直接就开直播了:各位您看看,这有好吃的,叫"五谷丰登"……

楚国的南部边境就是湖南,湖南在战国时期还没有开发,很荒凉。当地老百姓把米啊黄粱啊这些主食淘洗干净了,混杂在一起放进蒸笼里蒸熟,吃着米香四溢,营养丰富不说,颜色也够诱人。

从他的记录来看,楚国人民的生活还是很不错的,至少能吃上白米饭!两千多年前,吃白米饭可是件稀罕事儿,您看孔夫子在《论语》里不就感慨吗:穿上锦衣,吃上白米饭,你就满足了?!

周朝有本书叫《管子》,有点类似咱们现在的《中华大百科全书》,其中在记录餐饮的时候有这么一段话:"菽、粟不足……民必有饥饿之色。"粟就是小米,春秋战国以后基本占据了主粮的地位。汉代的《盐铁论》就记载,十五斗小米,能让一个成年男子吃半个月。菽,一般指的是大豆,它在粮食里的地位很高。《战国策》里提到的"豆饭藿羹",就是煮熟的大豆和豆叶儿做的汤,这是百姓餐桌上常见的食物。由于直接把大豆煮成豆饭这么吃容易肚子胀气,连续跟那儿放屁,有伤大雅,因此贵族通常不吃豆饭,而是撒点儿盐让它发酵,做成酱吃。

所以说,楚国人民的物质生活条件,比起中原百姓那好太多了。

楚国的范围主要在今天的湖北、湖南、安徽、河南四省,核心范围还是在湖北。湖北这个地方,湖泊纵横呐,有"千湖之省"的美誉,楚国人称这里为"云梦泽"。

这鱼米之乡,一大特色就是各种水产品。《史记》说"楚越之地,地广人稀,饭稻羹鱼",说楚人啊他们的主食是水稻,菜肴就是各种鱼,鲤鱼、鲢鱼、草鱼、鲫鱼,几十种鱼,都可以做成鲜美的鱼肉羹。

除了鱼汤,还有龟肉汤。屈原在《楚辞》里记录的"胹鳖"就是炖甲鱼。炖甲鱼是老少皆宜的滋补佳品,咱们现在还吃这个呢,作料也多,除了甲鱼还得有火腿、香菇、姜、蒜、葱、绍兴黄酒什么的。但两千多年前没有这么多调料,所以屈原说这道菜是甲鱼和蔬菜共同熬制成的,主要作料是盐和生姜,再加点儿葱。由于水质没有污染,鱼鳖又是自然长成的,肉质肥美,熬出来的肉汤鲜美无比。大家得空可以照着还原一下。

除了水产,在楚国能吃到的肉菜也很多,比如《楚辞》里提到的"肥牛之腱",就是现在俗称的炖牛筋,他们那会儿这么做:煮烂了,再加一种叫杜若的香草,这种香草会使烹饪出来的牛肉嫩滑爽口,芳香融入肉中,咀嚼后唇齿留香。屈原提到的名菜还有"炮羔",就是小羊羔外边涂一层泥,用火把它煨烂,听着跟叫花鸡差不多。

既然他提到炖牛筋和烤羊羔,咱们顺带说一说周朝的肉类食品。这玩意儿啊,从古至今一直都是奢侈品——您看猪肉不是涨到四十多块钱了嘛!肉在周代一直是达官贵人专用的,"肉食者"是统治阶级的同义词,《曹刿论战》里不就骂吗:"肉食者鄙!"

除了屈原提到的楚国美食,北方各国也有看家菜。您比如晋灵公，爱吃烤熊掌，有个屠夫因为烤熊掌没烤好，晋灵公一生气就直接把他杀了。还有个古代老司机的故事，宋国有个华元，跟楚国交战的时候，阵前煮羊肉汤，因为没给司机吃遭了嫉恨，司机拉着他直接冲到了对面敌军丛中，导致他被活捉，宋军大败。

楚国地处南方，野味儿自然不少。《招魂》中提到了烤乌鸦、煨山雀。这些菜呢，除了烤乌鸦是烧烤外，其他的主要是做汤，煨山雀的时候还要加一些酸味食材来促进消化。狗肉汤、熬鹌鹑汤等，都加了酸味材料，烹饪方法特别花哨。我这么讲不仅仅是因为屈原的记载，还有一定的历史依据，湖南长沙的马王堆一号墓的竹简上就有对楚人菜谱的记载。

除了主食，屈原对甜品也有着狂热的爱好。《招魂》里边提到了"粔籹"，拿蜜和上米面，油煎而成，他爱吃这个。还有"蜜饵"，就是用蜜和米面煎炸后熬成。饴和蜜是古代最常见的甜味儿，饴是麦芽糖，蜜就是蜂蜜。战国时候，人们已经普遍使用麦芽糖和蜂蜜来做点心什么的了。

最后，跟大伙儿分享一个段子，"天苍苍野茫茫，一夜暴富太渺茫"。生活嘛就是这样的，谁都希望一夜暴富，但是希望渺茫。日复一日，年复一年，还是从实际出发吧。开心的时候吃点儿好的，犒劳犒劳自己；心情不好呢也吃点儿好的，安慰安慰自己。学学烹饪，享受当下。

# 柳永

这人能耐大了。很多女的都爱他,他呢也爱很多女的。这主儿要搁今天呐,很多人就得说他是渣男中的战斗机。但是,仁者见仁,智者见智,批评一个人其实主要看你站在什么角度、什么位置,就这么简单。您比如重庆火锅,哎哟,爱吃的恨不得天天吃;不爱吃的呢,愿意把这店砸了才行。

他是谁呢?我估计大伙儿差不多都听过,上学那会儿都学过他的诗,这是个多情的诗人——柳永。

柳永,可以说是咱们文学史上最风光旖旎的一位了,才华横溢,留下了很多的名篇。最让咱们津津乐道的呢,就是他那些个风花雪月的故事。他这一辈子,总是跟秦楼楚馆的舞姬歌女联系到一块儿。那么柳永到底是咱们认为的这种浪荡公子呢,还是才郎俊杰呢?

有人说了,他就是个渣男,不是个三好学生,等等。其实这个说法并不准确,要我说他有点像金庸写的《天龙八部》里边的段正淳,多情又痴情。世人都说他是浪荡书生,但他更像是一条漫漫情路上的孤独行者,是个真性情的好男人。俗话说得好啊,情到深处似无情,他的多情和专情,总是被后人想当然地误解。

柳永是福建人,出生在福建崇安,父亲给他取了个名儿叫"三变"。这三变怎么回事呢?是《论语》里边的一句话:"君子有三变:望之俨然,即之也温,听其言也厉。"他爸爸这心气儿,就是希望儿子能做官。

柳永确实从小就很聪明,十岁就写了《劝学文》,十四岁写了《题中峰寺》。大伙儿都说这孩子了不得了,是个神童!

转眼呢,柳永到了该结婚的年龄了,在父母之命、媒妁之言下呢,在老家崇安娶了一位很漂亮很贤惠的媳妇儿。不过有点可惜,这个柳永初恋的女子没能在历史上留下她的名字来。

但柳永很爱她,曾作《斗百花》来描写他的新婚妻子。这首词咱就不说了,就是夸他媳妇儿婚后的各种羞涩、娇媚。柳永可以说是倾尽了温柔,而且肆意大胆,为妻子写了很多首情词来记录他们之间这甜蜜的爱情。在《玉女摇仙佩·佳人》这首词里，柳永对自己的结发妻子还给予了特别美好的称赞，意思是我这媳妇儿啊，和许飞琼差不多，偶然离开了天上来到人间，随便这么一捯饬，就超过人间你们这些个美女。花园里的花好看吧？但也不过就是深红浅白，都搁一块儿也没我媳妇儿好看。最后还说了这么一句誓言："今生断不孤鸳被"，意思就是说今生都不要分开。您想了解更多，可以去看看《玉女摇仙佩·佳人》这首词。

　　有人说了，你看这词写得多深情，这怎么会是一渣男呢？人世间的事儿啊，有的时候跟剧本安排的是不一样的，因为生活并不都是郎情妾意、你恩我爱。在婚后的第二年，咸平五年，柳永通过了乡试，决定进京应礼部试。虽说和新婚妻子依依不舍，但是好男儿志在四方啊，柳永也希望考取功名然后荣归故里，那年头读书人唯一的出路就是做官。

　　跟媳妇儿说好了：我进京赶考，你等着我，等我有个一官半职再回来，咱们好好过日子。不过很不幸，柳永离开家之后，媳妇儿很想念他。那年头第一交通不便利，第二也没有什么通信工具，这一走指不定什么时候能回来，也指不定以后会怎样呢，媳妇儿就得病了，没多久就去世了。在《晓风残月·柳永传》里,对于柳永和发妻的爱情有详细的描写。

可日子还得过呀,怎么办呢,科考还得去。公元1008年,柳永第一次参加科考。这么多年来熟读诗书,自己写的词又家喻户晓,柳永认为功名这个事对他来说应该是水到渠成的。结果呢,很不幸,他跟他两个哥哥都落榜了,都不灵。什么原因呢?让人哭笑不得,是因为他们的文采太好了!你说这玩意儿讲理不讲理?写得烂不行,写得太好也不行!当年宋真宗下诏:不读圣贤书,文辞浮靡者,全部拿下。什么意思呢?写得花里胡哨的通通不行!在吴曾的《能改斋漫录》中就有记载:宋真宗对博学的儒生和文人雅士十分看重,致力于学问的根本和文章的义理,非常排斥那些轻浮艳丽、空虚浅薄的文章。

您记住这么句话:世界上所有真性情的人,他的想法总是与众不同的。

柳永觉得皇帝老儿不识英才,心有不甘,大笔一挥写了一首《鹤冲天》。咱们耳熟能详的《鹤冲天》,就是在这个情况下出炉的。整首词把柳永的恃才傲物、狂放不羁的个性,还有他怀才不第的牢骚、感慨,心里的这些别扭,结结实实地写了个淋漓尽致。不过整首词也非常率真和质朴，他的真性情可以说一览无余。但是呢，大伙儿都知道，就是这一首《鹤冲天》，或者说是他的这种真性情，影响了他一辈子，注定了他在当时那个年代的与众不同和格格不入。

公元1018年2月，又到了这一年放榜的时候，宋真宗正审阅殿试的结果，看到"柳三变"这仨字的时候，皇上一激灵，拍桌子："怎么还是他！"一想到《鹤冲天》皇上就气儿不打一处来，急了："且浅斟低唱填词去，要什么浮名！"皇上这是针对他的话说的。这是柳永第三次落榜，每次都进了预选的名单，结果都让皇上给毙了，理由就是"属辞浮靡"。

柳永这是天生的气骨啊，皇帝让我填词去？来吧，领旨！在自己的手板，也就是名片上，大大方方写上一行字："奉旨填词柳三变"。上哪儿去呢？烟花柳巷，青楼妓馆，填词去了。

其实吧，柳永这一次又一次的失败，不仅仅是因为《鹤冲天》这么简单。

公元1008年，柳永刚到汴京的时候，他因为之前在苏杭的名气，受到了很多人的青睐，其中的绝大多数就是歌妓。虽然说歌妓的地位在当时很低微，像路边的野花，被人随便摘、随便踩,但是宋朝歌妓也不简单,能歌善舞,琴棋书画样样精通,当时的士大夫们那是很爱啊,连皇上都经常"微服私访"呢。但不一样的是,除了浪漫多情的柳永,没有一个人会去真正了解她们内心的苦楚,都是把她们当成玩物,或者有时候故作清高,跟这些个女子填首小令、写首词玩一玩儿,满足一下自己高高在上的心理。

但柳永呢,他看到这些个青楼女子让人践踏,心里不是滋味儿。他看到了姑娘们外在的美丽,也看到了她们内心的善良,他给这些个最底层的歌妓填词。不仅如此,他还抛弃了主流社会认可的小令,写慢词,创长调,把这些身世坎坷的青楼女子的内心世界展现得淋漓尽致,写出了她们的美丽、她们的善良,写出了世人对她们的不公,写出了她们追求自由的愿望。

所以,柳永在秦楼楚馆获得了歌妓们深厚的友谊,甚至还有很深的爱情。有的书里就记载了当时的歌姬与柳永的故事。虽然《宋史》里边没有柳永传,但在《花台弟子柳永纪事》一书中写了很多。

但柳永的这种至情至性,那些士大夫看着觉得非常可笑,甚至瞧不起。你别看这些人也一天到晚地逛去,喝完酒吐得都没人样,他们还瞧不起柳永:一个大才子,整天地给她们作词,难登大雅之堂!

但是这些偏见和闲言碎语,对柳永来说不叫事儿。《柳永小传》里边说了:"柳永的快乐源于他内心的坦然,源于他对外界冷漠的淡然。"所以对于柳永来说,当个道貌岸然的官儿,粉饰太平,瞪眼说瞎话,还不如当个白衣卿相,道尽儿女情长:我还不如跟这儿写点词呢,比你们干净!

当然了,对于功名,柳永也是一直有追求的。公元1024年,四十岁的柳永第四次落第,真气坏了,说要离开京师,永不当官了。走之前,与情人告别。据说这个情人叫虫娘。柳永作了那首流传千古的《雨霖铃》,从这首词我们可以想象柳永跟虫娘离别的画面:傍晚,一场雨刚停,柳永跟虫娘在长亭告别,两人恋恋不舍呀,船上的人催着出发了,心里边有千种风情,也只能手拉手,泪眼看泪眼。自古以来,多情的人最伤心的就是离别,而且这一去就是多年的相别,相爱的人不在一起,即使有满肚子的情意也没有人一同欣赏。您可以搜《雨霖铃·寒蝉凄切》看看去。

要不是真的爱过,又怎么会写出如此触动人心、淋漓尽致的离别之语呢?

其实柳永和虫娘的爱情大家也应该有些耳闻,除了姓名不详的结发妻子之外,虫娘是柳永的人生挚爱。柳永的词里边唯一重复提到的名字,就是虫娘。

《木兰花》就是把虫娘的形象写得最清晰的一首词。开篇头一句就是"虫娘举措皆温润",在柳永眼里,虫娘就是姿色出众、举止温柔、最受瞩目的那一个。您就知道这在他心里边儿是多么美好的一个存在。

还有《集贤宾》里,"就中堪人属意,最是虫虫",虫虫是柳永对虫娘的一个爱称——喊虫虫是爱称,喊娘娘不成,怕皇上不乐意。他还说了,"有画难描雅态,无花可比芳容",柳永这夸人的能耐大,确实是有才,不过也确实说明虫娘在柳永心中的美。那时候柳永的妻子已经去世,而且他没有再娶,但虫娘是青楼女子,虽然说两个人感情深厚,但是虫娘却不敢奢求嫁到柳家,所以这首词有了那最后一句:"盟言在、更莫忡忡。待作真个宅院,方信有初终。"许诺虫娘自己会娶她。柳永能说这话,就足可以看出来他对真爱有担当。

后来,柳永在羁旅漂泊的途中很心酸,但是他想到的还是自己和虫娘当初的快乐,写了《征部乐》。这首词就表达了柳永对虫娘深切的思念、告白,还有对他们这段真挚而专一的爱情的期待。

至于最后柳永和虫娘的结局，没有明确的记载，给咱们留下了很大的想象空间，但是柳永对她的感情很真挚。

说了这么些个，咱们也看出来了，柳永这一生啊很漂泊，也不受重用，但还是有很多女子都爱他，无论是他结发的妻子还是虫娘，还是其他的一些青楼女子，都跟他有过很深的感情。所以为什么说柳永像段正淳呢？虽然多情，但是所有感情它都是真的。《避暑录话》就记载了："凡有井水处，即能歌柳词。"就是说当时的柳永是大宋第一填词高手，有着遍布全国的粉丝群，歌妓中一直流传着这么几句话："不愿穿绫罗，愿依柳七哥；不愿君王召，愿得柳七叫；不愿千黄金，愿得柳七心；不愿神仙见，愿识柳七面。"——也不知道哪个唱快板儿的给编的。在这儿可以看出来，柳永在市井的地位，这些个青楼女子对柳永有多崇拜。

晚年的柳永穷困潦倒，但他的死却轰轰烈烈、荡气回肠。死的时候，没有人安葬，很多青楼女子赶来送行，哭声震天，集资安葬了他。后来每逢清明，都有歌妓舞妓带着酒到墓地祭奠他。《喻世明言》第十二卷《众名姬春风吊柳七》就说了，柳永死后，京城名姬每年清明节自发地拜他，成为一种习俗，称为"吊柳七"或"吊柳会"，直到宋高宗南渡之后才不得不中止。

　　这么一说，我越发觉得柳永不是一个薄情人，因为他懂爱，才会得到他人的眷恋，才能在消失于世的时候有那么多人为他祭奠。他的真性情、浪漫、对青楼女子的平等态度，才会随着他传遍大街小巷的词曲永留于世。——乐游原上妓如云，尽上风流柳七坟。可笑纷纷绍绅辈，怜才不及众红裙。

# 冯梦龙

这些天蹲在家里，没事就看看书、听听戏，写点东西、画画什么的。我一年到头天天往外跑，跟家里人待在一起的机会不多。前两天，看朋友圈都在传一新闻，说有两口子年前准备要离婚，律师都找好了。过完年，律师上班了，给他们打电话。这两口子说不用啦，二胎都有了。

说到离婚，现在大伙儿都觉得没什么。放过去来说，对女人要求可高啊，三从四德什么的，别说女人，我一老爷们儿都觉得太难为人了。

过去女人别说是离婚，就像白娘子这种，出门跟着男人做生意都得招人说闲话。那么，白娘子怎么还能做生意呢？还能跟当时作为男权主义代表的法海正面刚呢？这女权意识也太超前了。后来一查呀，白娘子最早的版本也不是这样的,咱们现在看的白娘子,是根据明朝的冯梦龙写的版本演化来的。这就有点意思了,冯梦龙在那个年头敢写这个东西,也算是很大胆的创意。

而且冯梦龙这个人有意思,他是明朝人,家在哪儿啊?有这么一句老话:"上有天堂,下有苏杭。"这位冯先生是苏州人,他有一个很特别的爱好,什么呢?逛青楼。天天往青楼里边跑,笔下却使劲地写女性自我意识觉醒。

冯梦龙倒也不是生来就爱逛青楼。他本来是个书生,首先,那个年月来说,书生没有别的出路,指望的就是科举,也就是我们现在的高考。但这明朝的科举啊,熟悉历史的朋友多少都了解,流行考八股。

冯梦龙呢,也是点儿特别背,本来考八股就考八股呗,偏偏他生在明朝末年,官场黑暗,考来考去愣是考不上。冯先生很郁闷,那也不能死去啊。转来转去,得了,去青楼吧。上青楼散心去了。

一来二去,冯梦龙就在青楼里面遇到了他的解语花——侯慧卿。这姑娘也不知道怎么的,让冯梦龙上了心,很喜欢。三天两头地去找她,考试不如意了找她,心情不舒畅了也找她,反正这两人不是一般的关系。冯梦龙承诺她,只要考上了，就把她带回家，侯慧卿也是很感动。

因为经常去找侯慧卿，冯梦龙对青楼的生活很了解，而且对于妓女，他赋予更多的是同情和赞许。这种同情，在他的三言二拍和另一本叫《情史》的书里，表现得淋漓尽致。在他笔下，无论是杜十娘还是白娘子，都脱离了那个时代女性甘心做附庸的形象，生出了自我意识。咱们老说"十娘怒沉百宝箱，红楼梦中梦难醒"，这杜十娘就来自他的原著小说。

杜十娘是个名妓，爱上了书生李甲，带着自己全部的积蓄，装在一个百宝箱里，跟着书生就跑了。结果呢，书生李甲不知道自己带着的是个女土豪，在外边儿碰到个坏小子孙富，为了一点小利就把杜十娘卖给孙富了。杜十娘看清了李甲的真面目，反抗的方式很刚烈，明着告诉李甲：这个箱子里全是珍宝。然后抱着箱子一起投江了。

《白蛇传》这个故事，最早在唐朝就有，但是在那些版本里边白素贞是个彻头彻尾的妖精。唐朝那个版本里的书生姓黄，还愣是赔上了一条命。后面的版本里呢，也没有多少人给白素贞留下好笔墨。

等到了冯梦龙的手上，就不一样了。冯梦龙大刀阔斧地写了一个女追男的故事。他笔下的书生叫许宣，生计是生药铺的主管。白娘子借着借伞的由头,向许宣发起了猛烈的倒追攻势,从杭州追到苏州,又从苏州追到镇江,再从镇江追回杭州,最后被法海镇压在雷峰塔下。

之后一直到今天,我们看的《新白娘子传奇》也好,戏文里的《白蛇传》也好,都是延续的冯梦龙的版本。冯先生估计也是没想到,五六百年以后,他笔下具有女性觉醒意识的角色让现代的我们翻来覆去地改成电影电视剧,拍得尽人皆知。

不过我也说了,他是真的点儿背,考八股,回回都去考,回回考不上。考不上,怎么办呢?他一天天的岁数也大了,不能老让家里养着啊。冯梦龙也是一个有志气的人,活人不能让尿憋死,就把自己在青楼的所见所闻拿出来,编写成故事,写书卖。

这冯梦龙的书是卖得不错,可侯慧卿等不了了,女人就那几年青春,哪能跟他耗得起?得了,另找一主儿吧,就跟了冯梦龙的好兄弟袁中道。袁中道是什么人呢?他考试很顺利,十六岁就当了秀才,四十多岁中了进士,当了官。侯慧卿跟袁中道好上之后,也就跟冯梦龙分手了。

冯梦龙很理解,自从这姑娘离开之后,冯梦龙也就再没逛过青楼。但是一些杂记上有记载,说他曾经向朋友透露,私底下写了三十多首诗来纪念侯慧卿。甚至在侯慧卿死后第二年的五月初二,写诗追忆她。五月初二是他们俩分手的那天。

冯梦龙虽然没考上科举,但是他的书销量很好,有时候为了冲销量他也会在书里"开车",堪称"老司机"。也不知道是谁,就把冯梦龙的书拿去给熊廷弼看了。

熊廷弼是谁?那时候叫"督学江南",翻译一下,就是现在的江浙沪教育主管部门长官。熊廷弼很生气,你这玩意儿……到底也是尖子生啊,不蒸馒头争口气,一天到晚你还有正形没有?把冯梦龙叫去狠批了一顿:你好歹是读书人,怎么书里动不动就"开车"?冯梦龙左耳进右耳出,出门照样写他的东西。

也不知道冯梦龙哪根香烧对了,五十七岁这年,得了个递补贡生,做了递补官员。什么意思呢?拿现在的话说就是,哪儿有当官的空缺,就可以分配他去——官场的备胎。

现在不有个俏皮话嘛,网上说好些年了:黄忠六十岁才跟刘备,德康家川七十岁打天下,姜子牙八十岁遇文王,白娘子一千八百岁谈的恋爱,年轻人你急什么?

冯梦龙也是,到六十一岁这年,才终于时来运转当了官。

什么官呢？不大，县令。按说没什么，但是他当官那时候，北边后金虎视眈眈，明朝官场腐败横行。他当官这地儿在哪呢？就是现在的福建寿宁县。

当时的寿宁县，山上有老虎，林子里有土匪，海边有倭寇。总之就是那意思，不光穷，弄不好还得背黑锅，谁都不乐意去。朝廷也为难，哪个当官的都不乐意让自己的人去，各个部门跟踹皮球一样你推我让的。后来怎么就让冯梦龙去了呢？

这还得说熊廷弼，也不知道他老人家怎么想的，也许是念着冯梦龙有真本事，也许是他觉得冯梦龙不听话，很生气。反正啊，他推荐了冯梦龙。他这么一提，其他部门一想：好事儿啊！咱们的人可不能上那儿去，又没肥油，同意同意！崇祯皇帝好不容易才把魏忠贤干翻了，正是缺人的时候。就这样，冯梦龙走马上任寿宁县，当知县。

咱们刚才说了，寿宁县别说油水了，尽是倭寇、老虎、土匪，冯梦龙这是实实在在地让熊廷弼给送到一个穷山恶水的地儿去了。没办法啊，朝廷让你去，你敢不去吗？何况这是皇上的旨意，不去就是抗旨不遵，满门抄斩。去吧！就这么着，老冯从苏州去福建走马上任。

来到寿宁县一看，好家伙，县衙门的两块门板都摇摇晃晃的。要不说冯梦龙是个奇人呢，别人要这样估计就写辞职信了，他没有，立志要改变寿宁县。

来之前就知道，倭寇、老虎、土匪，要想脱贫，这三样就得解决。先从哪头下手是个问题，且不说寿宁县的兵力，朝廷早就把能打仗的抽走调到外边打倭寇了，能留下来守县衙的人都不够，这可怎么办呢？

冯梦龙就开始调查：倭寇打哪儿来，大约什么时候来，老虎在哪里，土匪也不能平地里冒出来吧？查来查去，查着了：土匪就是本地人。好好的本地人，为什么要上山当土匪呢？想来想去，冯梦龙决定冒险上山一趟，找土匪聊一聊。

上山很顺利，小土匪不敢拿主意，也不敢杀他呀，于是冯大人就直接到了土匪头子的面前。来到这儿一瞧，土匪头子挺横。本地人嘛，在他看来，这些当官的都一样，不是鱼肉百姓就是祸害人，来这儿就是想让自己消停点好赚点政绩，趁机搜刮民脂民膏，这些个门路他都很清楚。他之所以上山当土匪，就是看不惯这些当官的鱼肉百姓。

冯梦龙可是风月场上滚了那么久的人，会来事儿。他并不是来让土匪头子消停点的，而是想让土匪头子弃暗投明，给老百姓干点实事。土匪头子不信了，拔出刀来要杀他：少来这套！我还不了解你们？！

冯梦龙好歹也是六十来岁的人了，就跟这土匪头子讲条件：你在这儿骚扰百姓，百姓都不敢出来干活，你杀了我能解决问题吗？不如这样，你到县衙来，你看着我怎么实践我说的话。你要是发现我不给老百姓办事，随时剁了我。

土匪头子就心动了。你想啊，要不是走投无路，谁愿意上山当土匪？就这么着，冯大爷愣是把这土匪头子哄下了山，不光哄下了山，还天天蹲在县衙里给他当保镖。能当土匪的人，武力值比普通人强啊。

把土匪头子哄下来之后，冯梦龙又开始打老虎的主意。他跟这土匪头子商量：百姓要想安生过日子，这老虎，咱们得处理处理。土匪头子说这个不难，我在山林里混饭吃，对付老虎有经验，咱们设陷阱。去呗！安排好一切，土匪带人刨坑、设陷阱，哎，把老虎就抓了。

这一下子，冯梦龙就把寿宁县里面的俩问题都解决掉了，还多出来一股县衙的自备武力。解决了这俩问题，接下来，冯梦龙开始着手准备对付倭寇。一分析才发现，这倭寇啊，有一部分是海边的外国人，更多的是假扮外国人的中国流窜犯，没有正经工作，一到收获季节或是没吃的了就来抢老百姓。

这土匪头子虽然能帮他抓老虎，打倭寇可不是闹着玩儿，那是脑袋别在裤腰带上,真刀真枪玩命!等倭寇来的时候,冯梦龙提着剑自个儿就去了。后面的百姓们感谢冯大人啊,觉得这是一个好官,不少人拎着锄头拿着铁锹一块儿打倭寇。

到了倭寇面前,冯大人差点没气死。不是说倭寇多厉害,关键这帮倭寇啊,一大半人满嘴的中国地方话,除了衣服和发型,一看就是中国人扮的,你说这多可气?后来冯梦龙就把这一段写进了自己的书里,对这种"十个倭寇九个国人"的状况很是气愤。

后来冯梦龙也是把倭寇给打怕了,这不光是老百姓跟冯梦龙众志成城,县衙里那土匪头子听说老百姓都拎着锄头跟着去了,他能坐得住吗?他已经认可了冯梦龙是好官。所以,招呼着以前山上的土匪,跟着一块儿打倭寇。

就这么着,寿宁县三大祸患,在冯梦龙的手里得到了彻底的解决,百姓们也开始了正常的工作生活,寿宁县走上了正常的轨道,工商、农业在他治理的四年里逐渐地发展了起来。等到了冯大人离开寿宁县的时候,老百姓夹道为他送行。上任去的时候两袖清风,离开的时候呢,还是两袖清风。

当然了,这一段事迹,有真实的历史事件,也有老百姓的民间演绎。比如冯梦龙打老虎的事,就散见于冯梦龙自己写的《寿宁待志》和寿宁当地的县志。至于打土匪、打倭寇，应该是后人演绎出来的。话又说回来了，公道自在人心，这些故事直到今天当地还在流传着，也从侧面印证了冯梦龙确实是个好官。

冯先生的一生充满了传奇，异常丰富，对于他老人家，我一直充满了敬佩。

冯梦龙不光会逛青楼、写好书、当好官，打麻将打牌都是好手。他也写过关于打麻将打牌的书，《牌经》《马吊脚例》都是他写的。

他的书除了广为流传的"三言"，还有对史书的解析和总结，贯穿了经、史、子、集，他还收录了大量民间遗留的诗歌、各地的风闻逸事，给很多现代的专业人士留下了宝贵的资料。

# 唐伯虎

唐伯虎,不用我多介绍了,早先周星驰的电影《唐伯虎点秋香》大伙儿应该都看过,没看过的也都听说过。直到现在,网上都流传着电影里的很多台词,居家旅行、必备良药、"含笑半步癫"什么的,都是。

在很多人的印象中,唐伯虎就是这样一个玩世不恭、才华横溢又潇洒风流的大才子,是大明朝的国民老公。无论是在周星驰的电影里,还是在很多港台、大陆的电视剧里,唐伯虎都顶着这样一个有才、有趣又有故事的人设。但很多人不知道,真实历史上的唐伯虎,并不像电视剧里演的那样。他也没娶过八个媳妇儿,也没去华府追过秋香,也没能通过科举考试步入仕途,甚至到晚年,唐伯虎已经到了穷困潦倒、靠朋友接济的地步,日常生活就是卖卖字画,只要能赚钱什么活儿都接，连春宫图都给人画过。唐伯虎的命运其实就是一个字：惨！

你说他是大才子吧，他是个卖春宫图的落魄书生。你说他没有名望吧，他又是吴中四才子之首，名声响遍海内外。现在一幅唐伯虎的真迹一卖就是好几千万——一张纸，卖好几千万，你说造纸厂的工人哪辈子能挣好几千万？当然了，不能这么比。那他到底是个怎样的人呢？

如果说，玩世不恭是富二代的特点，那唐伯虎一定是二世祖的典型！只不过，唐家的荣耀得往上捯这么几百年，追到他的祖上。

唐家的始祖是前凉朝晋昌郡的陵江将军唐辉，这对唐伯虎的影响很大，他经常在字画里边落款"晋昌唐寅"，这说明他很认晋昌这个原籍，没有忘记祖先的丰功伟绩，并且以此为荣。后来到了大唐初年，唐伯虎的另一位先祖叫唐俭，更厉害了。

唐俭是谁啊？唐朝的开国元勋，位列大唐凌烟阁二十四功臣之一。但这是不是属实，咱也不知道，史书上可考的不多，唐伯虎的父亲唐广德是这么对外号称的。这唐俭的名头太大了，他是大唐开国皇帝李渊的好朋友，还是协同李渊父子起义、称帝的好战友,是国家中枢机关的干部。《旧唐书》里不就记载吗:"唐俭委质义旗之下,立功草昧之初,被拘虏庭,脱唐高祖蒲州之急;侍猎苑囿,谏太宗马上之言,可谓纯臣矣。"

纯臣,指的是忠纯笃实之臣,在古代只有对皇上忠贞不贰,从来没有结党营私,没有非分之想的大臣,才能得这个殊荣。又是国家的高级干部,又得到了皇帝的信任,唐家在这一刻实际是达到了历史上的巅峰。

俗话说,富不过三代,唐家的家底再殷实,也有没落的一天。到了公元1470年的大明王朝,也就是唐伯虎出生的这一年,此时的唐家已经不比当年了。因为这个时候唐伯虎的父亲不是大将军了,也不是什么开国元勋了,只是一个小酒馆的老板。在封建社会,"士农工商",商人排名最末,社会地位最低,即使家里有点小钱,可在社会上并不被人看得起。唐伯虎的父亲深知这个,于是把所有的希望都寄托在儿女身上,所有的资源也都用在子女的教育上,希望他们能够金榜题名,步入仕途,光宗耀祖。

唐伯虎也不负厚望,十五岁这年,以府试第一名的优异成绩,补为苏州府府学附生。他天资聪慧,家底殷实,这就是老百姓常说的那个"别人家的孩子"。然而好景不长，唐伯虎二十四岁这年，一直操持家业、始终支持着他的父亲去世了，这对唐伯虎是个打击。然而命运并没有就此放过他，在父亲去世后的短短两年时间里，母亲、妻子、儿子、妹妹相继离开人世，偌大的唐家就剩下孤零零的唐寅一个人。后来，因为他不善于打理家业，唐家就此衰落。以前没官做好歹有钱花，也是个富二代，如今连这个都没了。

二十出头的唐伯虎，一下就失去了人生的目标和希望，终日愁闷。要不是好朋友祝允明劝他，恐怕唐伯虎连书都不想读了。

虽说失落过一阵子，但唐伯虎毕竟是个大才子，底子天生比人强，是个读书的料。《明史·唐寅列传》记载："唐寅……举弘治十一年乡试第一。"说的是公元1498年，二十八岁的唐伯虎参加应天府（今江苏南京）乡试，一炮而红，高居榜首，荣登解元之位。打这儿起，后世人都尊称他一声"唐解元"，唐伯虎开始有了自己的名号。中了解元之后，唐伯虎那是非常高兴啊，大笔一挥，写下了很多诗，《领解元后谢主司》《金粉福地赋》等等，来表达自己的兴奋之情。

你说他太骄傲了吧？也不全对，毕竟骄傲要有骄傲的资本。乡试，那是许多读书人一辈子迈不过去的坎啊，唐伯虎多厉害，二十八岁轻轻松松就跨过去了，而且是第一名！正因如此，唐伯虎多少有点儿飘，说自己要连中三元，要挑战读书人的最高荣誉。

唐伯虎到底能不能连中三元？按他的能力，是有这个可能的。可就在命运刚有了起色后，他的人生发生了断崖式的转折！

唐伯虎得中解元了，转年就信心满满地上京城参加会试。在途中，他结识了一个改变他命运的男人，这个人就是后来喜欢四处旅游的徐霞客的高祖父、当时江阴地区的富豪——徐经。

这位徐富豪，特点是有钱无德，这样的人，爱干什么事儿呢？古往今来都一样，为了一己私利，爱拿钱贿赂别人！《明史》记载："江阴富人徐经，贿其家僮得试题。"什么意思呢？这个徐经也想求取功名，暗中贿赂了主考官的家僮，事先得到了试题，因此试卷答得还挺好。恰巧呢，这次考试有点特殊，当时的主考官程敏政程大人这试题出得非常冷僻，大部分人写得都不好，只有唐伯虎和徐经这两份卷子写得好，这就巧了！

更巧的是,程敏政还认识唐伯虎,知道这大才子有才华。这人一高兴啊,就爱说胡话,程大人说了这么一句话:"这一定是唐伯虎的卷子。"这一句话,要了命了,就害了唐伯虎了!后来有人抓住这句话的把柄,就跟皇上说,这次的考试有人作弊!皇帝一听,那还了得?考场作弊这是大罪。一声令下,唐伯虎、徐经、程敏政仨人全部打入大牢。

这仨人最后的结果都不太好,据清代王圻的《续文献通考》记载:"问黜举子唐寅、徐经等十余人为民,令敏政致仕。"什么意思呢?将主考官程敏政罢官,剥夺政治权利终身,徐经和唐伯虎取消名次,唐伯虎最后被贬作小吏。做一小官儿,唐伯虎又不甘心,觉得屈辱,所以就索性撂挑子不干了,回了老家,发誓打这儿起不再做官。

唐伯虎不再出仕其实是当时说的气话,读书人谁不想当官啊?唐伯虎也不例外。一直到公元1514年,此时的唐伯虎已经四十五岁了,大半辈子就这么糊里糊涂地过去了,你要说这就是大才子想要的生活,恐怕连他自己都不相信。这个时候,有人抛来了橄榄枝,宁王朱宸濠!哎哟,宁王爷请,去呗!唐伯虎很开心地接受了聘请。等到了宁王府,傻了。怎么呢?宁王爷想造反!

虽说唐伯虎要干事业，但是没有这么玩的！唐伯虎快疯了：我是找一工作，你带我造反？造反那个行当是要株连九族掉脑袋的呀，您自个儿玩吧！后来钱谦益在《列朝诗集小传》中就记载了唐伯虎当时的心情："丈夫虽不成名，要当慷慨，何乃效楚囚！"意思是，大丈夫即使不能够成就功名，也应该慷慨激昂，为何效仿那些处境窘迫的人呢？

那得脱离开宁王啊。怎么脱离呢？唐伯虎就干了一件事：开始装疯卖傻。本来也没什么，后来为了让宁王相信自己是真疯真傻，怎么办呢？就出去裸奔。而且非得等着宁王府来客人了，王爷这儿跟客人正聊天儿呢，唐伯虎光着屁股就出来了，还到处跟人说：我是宁王的贵客。哎哟，把宁王臊的呀，心说自个儿这脸呀都让唐伯虎丢得干干净净了。宁王很失望，最终把唐伯虎轰出王府。这件事情，无论是《明史》还是冯梦龙写的《智囊全集》，都有记载。

再后来，宁王果然起兵造反，最后被心学大师王阳明击败并活捉。唐伯虎很侥幸，因为不在宁王的麾下，免于牵连，逃过一劫，不过他这仕途也就此拉倒了。

说完了他的仕途呢，好多朋友其实更愿意我聊聊他的情史。都说唐伯虎风流，没人说他专一。那么我先问大伙儿一个问题:天底下最痴情的人是谁?是爱陈圆圆那个冲冠一怒为红颜的吴三桂,还是把长城都给哭倒的孟姜女?都不是。正确答案是:隔壁老唐。

在电影《三笑》中,唐伯虎一开始打着小秋香的主意,为追这秋香卖身投靠,深入华府。要知道,这在古代是有风险的,因为这样不仅会失去自由,而且一旦事情败露,被发现了真实身份或是被华府知道了你来这儿的目的,那就不是被遣返回家或是交三百块钱罚金那么简单了。你别说是吃官司,就是被打死了埋在后院,也是正常的事,你想,那多可怕?可唐伯虎艺高人胆大呀,为了爱情,毅然潜入华府,做了低等下人,打柴挑水,种菜扫地,就为心爱的秋香。

这种对唐伯虎的艺术描写,展现了他对自己的智商和情商格外有自信,他始终相信自己能达到目的,抱得美人归。只是可惜,这些全是假的,是电影剧情的需要。真正的唐伯虎,他的爱情很坎坷,甚至很狗血。

唐伯虎一辈子有三个老婆。当然了,这三任妻子都不是华府的秋香。

唐伯虎第一个媳妇儿,在他二十四岁的时候生孩子难产死了。后来续娶了一任妻子,不过因为他科考失利,没钱没权,两人为了生活琐事天天吵嘴,后来干脆日子就过不了了，各走各道儿。所以到这会儿，唐伯虎的心就已经碎了，此后很多年都未娶。一直到四十岁，才遇到了他的红颜知己——沈九娘。他在自己写的诗中这么描述过："镜里形骸春共老，灯前夫妇月同圆。万场快乐千场醉，世上闲人地上仙。"不管诗句中说的是不是九娘吧，但他二人相敬如宾，自得于飞之乐，也是属实。此时此刻，九娘是唐伯虎唯一的精神依靠。可惜的是九娘红颜薄命，三十七岁就去世了，导致唐伯虎整个人都颓了，天天喝酒赌博，最终家产都让他败光了。

从前是衣食无忧的公子哥儿，如今是孤家寡人、无业游民，唐伯虎很惨。命运老跟他闹着玩儿，把他的好运气统统没收。没有了娇妻美妾，工作也不顺利，爱情、事业全完儿！他最惨的时候就是给人家写诗、写文章、写墓志铭、卖字卖画，最令人惊叹的是给人画春宫。

您能想象吗？这个身份，干这种不入流的事儿。可在当时，人人都想拥有一幅唐伯虎画的春宫。为了生存嘛，听着有点儿心酸，可现实就是如此残酷。

也许是后人心疼唐伯虎吧，小说家从"九娘"的名字汲取灵感，戏剧化地叙述了唐伯虎有九个老婆的事儿，给他安排了幸福的生活,既有"三笑"又有"九美",陪伴着"江南第一风流才子",何等幸福!

　　我们有个长篇的评书《九美图》,说的就是这个。我曾经也演过舞台剧,也唱过当年京剧和评剧的《唐伯虎三笑点秋香》,尤其德云社当年演的一个大型笑剧《三笑》,挺好玩儿,里面有很多小曲牌,说的就是这个故事。有时间,您上网搜搜,感受一下我唱的唐伯虎,到底跟您想象中的一样不一样。

## 《山海经》

天儿凉了，咱们聊聊食补的事儿。

食补，就是吃什么补什么。有些老大妈一看天儿凉了，喝点什么桂圆红枣汤，说是能够补气血；小姑娘呢，没事儿就整一碗银耳汤喝，说这玩意儿美白皮肤——没有说喝黑木耳汤的，那喝完脸是黑的；还有老太太疼孙子，熬些大骨汤给孩子喝，说补钙。

有新闻报道，澳大利亚的兔子成灾，丹麦的生蚝泛滥，让当地人非常头痛。其实呢，根本不是事儿。俗话说得好，"飞禽莫如鸪，走兽莫如兔"，鸪是一种像鸡但是比鸡要小的鸟，营养价值很高；兔肉能治疗身体虚弱。所以，澳大利亚人甭担心，什么叫兔子成灾啊？你抓来吃就得了呗。还有生蚝，据说男的吃了对肾好。

聊了这么些个，其实就想告诉您，中国人以"能吃"闻名世界。没有中国人不能吃的，四条腿的不吃板凳，两条腿的不吃人，其他的都可以，连妖怪都能吃。

有人说了，这哪跟哪啊？在大多数人的印象里边，一提妖怪就容易想起一本书来，叫《山海经》。《山海经》热闹啊，各式各样的妖精，鲁迅先生不就说嘛：人面的兽，九头的蛇，三脚的鸟，生着翅膀的人……

但是很少人会发现，《山海经》除了是一本神话书，还是一本以食疗为主的菜谱！这还真不是夸张，您要按书里的描述，妖怪不仅能吃，而且大补，还能治疗各种疑难杂症！今儿，就带着大伙儿一起走进《山海经》的世界，看看我们的老祖宗是怎么吃妖怪补身体的。

各位肯定都知道精卫填海的中国上古神话传说。相传，精卫本来是炎帝神农氏的小女儿，名叫女娃。有一天，女娃到东海去游玩，一不留神，淹死在水里边儿。死了以后，不甘心呐，她认为是大海害死了她。她的灵魂就变成一只神鸟，花脑袋、白嘴壳、红爪子，每天从山上衔来石头，投入东海，发誓要把大海给填平。飞的时候，它还会发出"精卫、精卫"的悲鸣，所以管这种鸟叫精卫鸟。

除了精卫填海，还有夸父逐日、大禹治水，这些传说都记录在《山海经》里。除了神话，书中还记载了大约四十个国家、五百五十座山、三百条河流，是古代非常重要的地理学著作。

那么，历史上有没有精卫填海？有没有大禹治水？当然了，大禹治水是真的，但精卫填海、夸父逐日呢？这东西啊，假作真时真亦假，真作假时假亦真，真真假假地掺和在一块儿，谁说得清呢？但《山海经》除了是一本古代的神话地理书，还是一部顶级的食疗宝典！

俗话说得好：人是铁，饭是钢，一顿不吃饿得慌。所以，人活着，就得吃。不光要吃饱，还得吃好，更要吃出健康！天上飞的、地上跑的、水里游的、草窠里蹦的，老祖宗们变着花样把它们抓到锅里，不仅是为了填饱肠胃，也是为了我们的健康服务。煎炒烹炸涮，爆熘煨焗煎，十八般酷刑一一使出，谁也别想逃出生天，谁也别想跑出这口锅！

就连《山海经》里的妖怪兵团，也摆脱不了这种命运。除了实在惹不起的饕餮、穷奇这些个凶兽，其余的该炸就炸，该煎就煎，古代人吃它们根本没商量！

我总结了一下，这些妖怪大体分为三类：走兽、飞禽和鱼类。

我们一般人,吃饭都要吃猪肉、羊肉和牛肉。猪血能排毒,羊肉能壮阳,牛肉补气血,这些都属于走兽类,是餐桌上的常客。《山海经》里的走兽很多,有食疗功效的也是不胜枚举。列位,你们吃过九尾狐的肉吗?

想必不少人都看过《三生三世十里桃花》,里面的白浅气质出众,被称为四海八荒第一美女。作为青丘狐族女帝,她和夜华经历了三生三世的情感纠纷,情深似海,海枯石烂,烂在锅里,锅里有饭!

这个故事出自《聊斋》,是蒲松龄先生写的,但是他的灵感打哪儿来啊?答案就是《山海经》。传说很久很久以前,有一座山叫青丘山。山的南边盛产漂亮美丽的玉石,有名。更有名的呢,是这座山里的一种动物,长得像狐狸,九条尾巴,都管它叫九尾狐。由于九尾狐很少出现,见过它的人并不多,所以青丘山下的村庄还传说,说九尾狐的叫声就像小孩子的哭声,让人忍不住想抱抱它。但是你可千万别被它的外表蒙骗了,它可凶,真遇见它,那能跑多远跑多远吧。

九尾狐除了跟青丘狐族女帝有关系外,还和治水的英雄大禹有一段爱情故事。传说,大禹为了治理水灾,到三十岁还没结婚，涂山女很敬重这位英雄，和他结为了夫妻。这个故事记录在《吴越春秋》中，涂山女就是九尾狐，和大禹结婚以后，还生下了夏朝的第二任君主。

介绍完了九尾狐，到吃饭环节了。《山海经》记载，吃了九尾狐的肉可以百毒不侵。你要是从这个角度分析、猜测啊，九尾狐的肉，应该具有丰富的血浆蛋白，被人吃了以后，有解毒和润肠的功能，效果是猪血的一百倍，能排除体内毒素，增加新陈代谢，会让不利于身体的有害物质死光光。

那么，这种妖怪的味道怎么样呢？据说，古时候有人捕获到了九尾狐，不过，局限于当时的烹饪条件，它的肉有些酸，据说和猫肉差不多，不是很好吃。如果九尾狐出现在烹饪技术高超的今天，也不知道各大酒楼会不会推出红烧九尾狐、爆炒九尾狐、砂锅九尾狐、烤九尾狐串儿……反正这玩意儿挺稀罕的，估计会有人吃，民以食为天嘛。

有人又说了，狐狸和兔兔一样，长得这么萌，古人怎么忍心吃它呢，是吧？得，咱们就选一个跟现代最接近的，叫猩猩。古人特别喜欢以形补形，所以猩猩也成了盘中餐。

根据《山海经》记载，猩猩长得像我们现在的猿猴，白色的耳朵，能爬，又能直立着走。它还有一种神奇的本事：能通晓过去的事情。来个算命的要是带上它走南闯北，那绝对发财大大的!

为什么要吃猩猩呢?《山海经》记载,"食之善走",意思是说,吃了它的肉可以使人走得快,走路上班不费劲儿,堵车的时候大步流星往前冲!

《山海经》虽然没有说明这个妖怪的味道怎么样,但是战国时期的《吕氏春秋》给出了答案:"肉之美者,猩猩之唇。"意思是猩猩的嘴唇非常好吃!这玩意儿……你说吃个麻辣鱼嘴儿我能接受,麻辣猩猩嘴儿,这玩意儿听着有点恶心啊,咱也没吃过。

《山海经》里边记录了一位善于行走的知名人物,叫夸父。有一年,天大旱,太阳烤焦了地上的庄稼,晒干了河里的流水。夸父立下雄心壮志,发誓要把太阳捉住,这就开始了逐日的征程。太热啦,他把黄河的水都喝干了,最后还是渴死了。追逐太阳,这玩意儿得走多远啊?这么说,夸父是不是有可能吃过猩猩的肉?善走嘛。当然了,我这么一说您这么一听啊,一说一乐就完了。

咱们平常上班,中午休息时间一般是一个小时,稍微富足点儿的也就多半小时,时间挺紧巴。好多公司遇到加班,大伙儿就点快餐,来个鸡腿汉堡、喝杯可乐,这是很多人的标配。说到这鸡腿堡,古人也特别喜欢。

《山海经》里记载,古代有一座翼望山,山上很荒凉,草木不生,但是蕴藏着丰富的黄金、美玉。山里还有一种鸟,名字很奇怪,叫鵸鵌,外形像乌鸦,三个脑袋、六个尾巴。这种鸟有点可怕,它能像人一样地笑。如果你穿越到翼望山,半夜听到床边有"咯咯"跟那儿笑,别以为是女鬼,其实是一只鸟跟您逗着玩儿。

除了爱笑,这种鸟的肉也很神奇,吃了以后,人不做噩梦,一觉睡到天亮,比什么安眠药都强,还能辟除凶邪之气,百鬼不侵。那时候如果有面包的话,可以来一个超级鵸鵌汉堡吃,也挺好。

还有一种神鸟,也是仨脑袋,三个大脑袋跟那儿晃悠着,叫鵸鸺。三个脑袋六只眼、六只脚三个翅膀,乍一看像现代人培养的变异鸡。据说,这种鸟性子急,吃了以后让你不眠不休不睡觉,打麻将的吃这玩意儿可得意了。

还有一种鸟也叫鵸鵌(与上面的同名),总算正常点儿了,跟乌鸦相似,不过拥有五彩的羽毛,雌雄同体,是一种罕见的双性鸟。古人认为它非常吉祥,五颜六色让人着迷,跟喜鹊差不多,吃了它的肉不得痈疽病。痈疽是一种毒疮,一般长在皮肤上边,特别红肿,现代医学解释说是一种感染性的葡萄球菌。明朝的开国元帅徐达，传说就是得了这个病，朱元璋赏了他一只烧鹅吃。民间说鹅肉是发物啊，能使痈疽病加速发作，徐达知道这意思，飞鸟尽良弓藏，狡兔死走狗烹嘛——咱不说这个，如果这种鸟在明朝还存在，徐达估计就不会死了。

介绍完这三只异鸟，您记一句广告语就得："白天吃鹠鸼，神清气爽不瞌睡；晚上吃鹠鸼，安神补脑睡得香；天天吃鹠腿，永远不会长痘痘！"

自古以来，如何"忘忧"是人们思考的一个命题，所以在《山海经》里也想象出了很多忘记忧愁的方式。

有一个湖叫芘湖，水里有很多儵鱼。应名儿叫鱼，长得却像鸡，红色的羽毛、三个尾巴、六只脚、四个头，叫声和喜鹊相似。《山海经》里的各路神兽，很大一部分要么是食材，要么是中药，儵鱼的特点是吃了它的肉能让人无忧无虑。

关于鱼能忘忧这问题，战国时期古人就探讨过，叫"子非鱼，安知鱼之乐"。《庄子》里记载了这个故事：庄子和朋友惠子，在濠水的一座桥梁上散步。庄子说："鱼在水里自由地游动，是鱼的快乐。"惠子说："你不是鱼，怎么知道鱼很快乐呢？"庄子说："你不是我，你怎么知道我不知道鱼的快乐呢？"——就是俩抬杠的。

至于儵鱼这种怪鱼的味道怎么样，没有相关的资料，但看它长得像鸡，姑且就当口水鸡、水煮鱼那么做吧！

妖怪的食疗效果这么多，我都有点怀疑，它们是不是被古人给吃灭绝的呢？古人的胆识和肠胃太强大，这些个妖怪如今只能活在《山海经》里边了。

# 三国

## 关羽

大伙儿都知道,三国时期,能人辈出。其中有这么一位,对现代人的影响最深,谁呢?不是外人——关羽关云长,忠义的化身,盖世的英雄。尤其是我们说评书说相声,关二哥的戏份儿不少,《关公战秦琼》《评关羽》《论关羽》,有很多跟关二爷紧密相关的段子。

大多数人对关公的了解,来自《三国演义》。在这部书里,作者把关公形象描绘得是栩栩如生,塑造出这么一个"浩然之气塞天地,忠义之行彻古今"的道德榜样。其实在这之前,关二爷就已经在芸芸众生里边脱颖而出了,在当今的网红时代,关二爷的成名历程很有参考性。所谓网红,不就是市场自发、民众拥戴、自带流量和影响力的品牌嘛，你要按照这个说法，关二爷那是三国时代最成功的网红。他在当时已经是一个名号响当当的大将，在后世也没有被遗忘。不仅没有销声匿迹，反而越来越红，甚至从民间拥戴转向了官方认可，最终成为和孔圣人平起平坐的神级大V。不过呢，关公能让人尊奉，最主要的还是跟他本身的一些优良特质有关，有内容，有气质，才会被人们认可。被儒释道三教并尊的关羽关云长，显然就拥有这样的魅力。

好多朋友会上寺庙里，烧烧香，拜一拜，求佛祖保佑。这个时候，就能看到佛的周围有一些护法神，嚯，那一个个的，威风八面，气势十足，跟我们影视剧里看到的那些驱妖镇邪的天神一般。这就是佛教的十八护法，是佛的守护神，叫作伽蓝菩萨。"伽蓝"，就是寺庙的意思。咱们也知道，佛教是从印度传过来的，但是在中国传播的过程中经过了一些汉化，入乡随俗呗。

那这个，跟关二爷有什么关系呢？这里边就有说道了，因为关公在佛教里边就是一个汉化的伽蓝菩萨。佛教在中国本土化的过程中，逐渐融入了一些中国民间的传说和传统，于是关羽关云长这位民间推崇的忠义神，就又化身为伽蓝菩萨,跟韦驮菩萨一起,担任佛教的两大护法。关公呢是右护法,韦驮是左护法。

那么关公是怎么成为伽蓝菩萨的呢?在《三国演义》里边其实有相关的描述。第七十七回,前半部分写的就是"玉泉山关公显圣",说这关公死后啊,阴魂不散,荡荡悠悠来到了一个地方,就是现在湖北当阳的玉泉山。玉泉山有灵气儿啊,山上有一老和尚,法号普净。这天晚上呢,三更多天儿,普净和尚正坐着参禅呢,就听见天空中有人喊:"还我头来!"普净抬头一看,哟嚯,空中来了一位:骑赤兔马,提青龙刀,左边有一白面将军,右边有一黑脸的人跟着,飘在玉泉山顶。普净就认出来了——关羽关云长,于是就喊他:什么事儿?关羽说:脑袋没了,吕蒙把我害了,还我头来。普净就劝他:可是将军先前过五关斩六将、斩颜良诛文丑,这些个人,又该找谁索命呢?事已至此,不必纠缠于前因后果呀。反正普净喧喧喧这么一讲,关二爷这边恍然大悟,稽首皈依而去,后来就经常在玉泉山这儿显圣护民。民众也感激他的恩德,为他建庙祭祀。

关于关公和佛教的渊源,在一些佛教的经典中也有专门的记述。比如《佛祖统纪》里边就说了这么一个事:隋代天台宗的创始者智者大师,在隋开皇十二年来到荆州,打算开辟一个修习的精舍。有一天晚上打坐入定，见着了关公的神灵，关公说了：我愿意帮助建寺，护持佛法。智者大师那也是个得道高僧啊，一连打坐入定了七天，出定的时候，就见到自己处在焕然一新的佛堂之中。后来关公再显神灵，表达了皈依佛门的意愿。于是智者大师就给他授以五戒，成为佛教的伽蓝护法神。

成为护法神之后，关公就担负起了护卫佛法的职责，也会惩治一些犯戒的僧人。《释门法戒录》这部佛教传记书籍中说了俩故事，跟这就有关系。

第一件事儿，讲的是清朝顺治时期，尧峰，就是现在的苏州一带，来了一和尚。这和尚是个行脚僧，半夜里偷东西，去偷韦陀菩萨像前的灯油，一边偷一边还说"莫管他娘"，这是句脏话，不好听。第二天，报应就来了，这人呢被韦陀菩萨给附体了，反绑着自己，跪在菩萨像前自言自语："你前天偷吃了一盘面，我饶了你，现在偷我灯油并且口出不逊，罪该死，不能饶恕！"全寺的僧人就都傻了，一起跪下为这人忏悔。这人又说道："如果不是关圣帝君劝解，立刻杵死你！现在，罚跪一炷香！"香快烧完，大伙儿把他扶了起来，扶起来后他自个儿又骂："不行不行，还有两寸香在灰里！"又把自己反绑上，跟那儿跪着，等这香烧完才松了绑。这是一段公案,说明关公和韦陀作为两大护法,对佛门不肖之徒的惩治是非常严厉的,但同时也给他们改过自新的机会。

还有一件事,说的是原来高明寺有一个管库房的小沙弥,经常偷大伙儿的东西,还偷库房的粮食自己吃,这么着了一年,就梦见关公把他的舌头给割了,不久就得了重病,差点死了。这才明白,这是护法神关公对他的惩罚,于是变卖衣物,向大众忏悔,同时辞去管理仓库的工作,病后来才慢慢地痊愈。这也说明了关公作为佛教护法的神威。

除了是佛家的护法神,关公一般的身份是儒家的一个圣人。大伙儿都听过这样一句话:"孔夫子,关夫子,万世两夫子。"说的就是儒家的两个圣人,一个是文圣人孔子,一个就是武圣人关公。

《三国志》记载,关云长爱读《春秋》,而且"讽诵略皆上口"。关公一生的事迹都是对春秋大义的传承,到现在民间不都还流传吗,"关云长月下读春秋"。你看他那武器叫关公刀,或者青龙偃月刀,除此之外还有个名儿,就叫春秋大刀,也就是说青龙偃月代表的是春秋大义。有人曾经考证过这刀的大致规格:刀头呈弯月形状,刀身大概宽十七厘米，中部缀有红缨，刀的两端配重均匀，刀身宽短，但是很重，木把儿还挺长，从一米三左右到两米不等，不是一般人能驾驭得了的。

后来的一些武术家还专门创立了一种刀法，叫关公十八刀。这种刀法大致是以关公生平为刀谱，表达了对关二爷的敬重。您看这刀谱，第一式"提刀上灞桥"，第二式"千里走单骑"，第三式"吓曹营百万兵"，第八式"温酒斩华雄"，第十式"挥刀斩颜良"，第十二式"转身诛文丑"。反正基本上都是关二爷露脸的这些事儿，咱们所说的关公精神都在这一系列的事件中表现出来。关二爷这一辈子，忠君爱国，除暴安良，知恩图报，重情重义，可以说是把春秋大义发挥到了极致。

所以说，关公成为武圣是当之无愧的。——咱们这儿得说明白了，是真正的武力，不是打打杀杀，不是什么战无不胜，那太粗浅。关于武力，咱们看看关二爷看的《春秋》怎么记载的，里边有很经典的这么一句话："夫文，止戈为武。"什么意思呢？武的本意应该是制止争斗。所以真正的武功、武力，都是用来制止斗争或者杀伐的。不是说练完了上街打架去，拿砖头把谁开了，拿刀把人捅了——那叫流氓。武的真正价值不是为了杀伤破坏，而是为了和平，是仁义的一种表现。关公就很讲仁义,《三国志》里边有俩事,很可以说明这一点。

第一个事,就是关云长水淹七军后不肯杀投降的士兵,因而使自己陷入缺少粮草的不利处境。这件事记载在《三国志·吕蒙传》里:"魏使于禁救樊,羽尽擒禁等,人马数万,托以粮乏,擅取湘关米。"关羽生擒了于禁以及降卒数万,但这些人不能为其所用。这会儿呢,粮草告急了,不够吃的,换了别人呢一定把这三万来人杀了得了,可关羽宁愿去抢孙权的粮食也不愿杀掉这些降卒,这是仁义啊。

第二个事情,是吕蒙白衣渡江、占领了荆州以后,扣押荆州官兵家属数万做人质,以此给关羽施加压力。关羽不忍心这些个家属被杀害,放弃部队,继续征战,这才导致败走麦城。《三国志·关羽传》记载:"权已据江陵,尽虏羽士众妻子,羽军遂散。"就是说,不是关羽的军队没有战斗力,也不是关羽没有指挥能力,而是因为关羽为人过于仁义,导致在吕蒙设下的心理战中失败。

尽管结局悲壮,但是关二爷的仁义流传下来了,直到现在仍然是人们时常参拜的圣人。这是咱们从仁义的角度来说关公为什么是武圣人,也是最重要的一点。除此之外,关公自身的神勇,也构成了武圣的一部分特质,这个咱们都比较了解。

你看《三国志·关羽传》，才九百来字儿的篇幅，作者拿一百多字单讲关羽刮骨疗毒的故事。刮骨疗毒，大伙儿都知道，史书中记载的完整版故事是这样：关羽曾经被毒箭射中，贯穿了左手臂，虽然伤口愈合，但箭头上有毒，这毒没有解，所以每到阴雨天骨头会疼，这才请了大夫来刮骨疗毒。《三国演义》里面说这个大夫是华佗，但这只是作者的艺术加工，因为华佗去世的时间是建安十三年，刮骨疗毒这事儿呢是在建安二十四年，按这个时间来算，华佗去世已经有十多年了，不可能给关二爷治病。所以说，给关二爷刮骨疗毒的大概只是一个不知名的医生，史书上也没记载他具体叫什么。不过《三国志》里描写了关羽的表现，说刮骨疗毒的时候，"羽适请诸将饮食相对，臂血流离，盈于盘器，而羽割炙引酒，言笑自若"。就是说，关羽破臂刮骨，鲜血已经流了满满一盘，一般人一瞧得多慌呀，可关羽关云长，乐呵呵地跟大伙儿吃着烤串儿喝着酒，就是说他有强大的身体和心理素质。

《三国志·鲁肃传》中还记载了关羽单刀赴会的故事："肃邀羽相见，各驻兵马百步上，但诸将军单刀俱会。"说的是关羽只带一把刀和少数随从，赴东吴鲁肃的宴会。这种智略和胆识是常人少有的。

　　上面的几个事都是正史记载的，足以说明关公作为武圣人是当之无愧的。仁义和勇力都达到了至高境界的关公，他要不是圣人，那没有圣人了！

　　除了是佛教的护法菩萨、儒家的武圣人，关公还有一个身份，就是道教的武财神。一般道教的神谱比较复杂，当然，也可以说比较系统，光财神就有很多分类，咱们现在常见的就有三种财神。第一种是正财神赵公明：能解释讼冤，使公平买卖获利和合。第二种财神是文财神比干：无偏无私，办事公道，买卖公正，童叟无欺。第三种，就是武财神关二爷：善于理财，信义俱全，庇佑创业，护航经营。

　　道教有一部经典叫《历代神仙通鉴》，这本书记载说，关公的前世在道教神谱里解释是"解梁老龙"。解梁县这个地方，有一条上岁数的龙。汉桓帝时河东连年大旱，这条老龙，也就是关公前世，怜悯百姓，当晚就汲取了黄河水，兴云布雨。玉帝一看老龙违反天命、擅自取水，就命天曹斩了老龙。后来当地有一个僧人，在溪边发现了被斩掉的龙头，把龙头提到屋里水缸，盖上盖儿，给念了九天的经。第九天，听见缸里有动静，打开一看，龙脑袋没了！这时候，解梁县有一户老关家，有婴儿落地，乳名寿，后改名为羽，字云长。这就是道教对关公来历的一种说法。

那么，为什么三国时的一员勇将，给奉成财神呢？有这么几个说法。

第一，据说关公生前做过布匹生意，善于理账，所以后世的商人尊奉为商业神。

第二，做生意重信义啊，而关公就是信义的化身。忠义贯穿他的一生，对汉王朝的忠义是历代王朝的忠君典范，身在曹营心在汉，不投降曹操。有恩必报，义字当先，为报曹操恩德，过五关斩六将，斩颜良诛文丑，华容道义释曹操。生意人最看重义气，那样生意才能顺风顺水。

第三，关公武艺高强，气势神勇威严，可以招财。中原地区有一说法：给关公塑像不能怒目圆睁，得让眼睛半眯着，这样就没那么有杀气。

中国人为什么要拜关公？其实说到根儿上就一句话：有血有肉，忠义两全。拿咱们现在的话来说，他就是"镜头感极强"，英勇善战，一身正气，义薄云天，在最深刻的精神层面契合了中国传统文化，居庙堂之高曰"忠"，处江湖之远曰"义"。因此，无论是皇帝还是平民，僧人还是俗众，都十分认可关公。老话说嘛：出门拜一拜关二哥，万事大吉！

## 张飞

《三国演义》对张飞的描写："身长八尺，豹头环眼，燕颔虎须，声若巨雷，势如奔马。玄德见他形貌异常，问其姓名。其人曰：某姓张，名飞，字翼德。世居涿郡，颇有庄田，卖酒屠猪，专好结交天下豪杰。"

您看见这形象了吗？一个凶残的大汉啊。身长八尺，什么概念？考古工作者在洛阳一个东汉的陵墓里边发现了一把尺子，骨尺，张飞身高之谜这才解开了。这把骨尺刻度均匀清晰，专家研究后确定，当时一尺差不多有23.6厘米。按照《三国演义》算来，张飞"八尺男儿"差不多有一米八八——大高个儿，还不好看！

除了有点儿粗的外形，世人对他的才智，评价也不太高。举个例子：徐州，自古以来就是兵家必争之地，袁术看上这个地方，就跟刘备怼上了。这个时候，刘备带着关羽去怼袁术，留下张飞镇守徐州。刘备和关羽，这哥俩儿知道三弟张飞好喝酒，千叮咛万嘱咐：你可千万别喝酒误事啊。

张飞呢虽然满嘴答应：我不喝酒，您放心。但是大哥二哥刚走，他就喝多了，喝多了就惹祸了，鞭打曹豹。京剧表演艺术家郝寿臣先生有一出戏叫《打曹豹》，说的就是这个。曹豹很生气啊。曹豹有一女婿，就是吕布，里应外合，夺了徐州。张飞武功不错，一看这乱了，自己跑了，把刘备的老婆甘夫人丢在徐州。张飞见到大哥和二哥，把事情说清楚，心想就死了吧，拔刀要自杀谢罪。刘备这刚丢了媳妇儿，也不想再丢左膀右臂了，就劝他，留下一句千古"名言"："兄弟如手足，妻子如衣服。"把张飞感动得热泪盈眶。

以上对张飞外形和才智的描述，主要记录在《三国志平话》和《三国演义》里边。《三国志平话》是元代的讲史话本，作者不知道是谁，没写。《三国演义》那就家喻户晓了，明朝的罗贯中老爷子写的。这两本书承前启后，对张飞形象的塑造几乎是一样的：重情重义、嫉恶如仇、肤色黢黑的壮汉，同时武力过人，多次挑战号称天下第一的吕布，是蜀汉大臣中少有的个性鲜明的武将。

那么，这两本书为什么要丑化张飞呢，这背后原因是什么呢？

首先咱们看看《三国演义》，它就有丑化张飞的部分。第一个就是鞭打督邮。督邮来到平原县，想从刘备这儿拿点好处，结果让张飞打了一顿。第二个呢是三顾茅庐的时候，张飞表现得非常鲁莽，刘备要请诸葛亮，张飞总说"他若不来，我只用一条麻绳缚将来"，反正每回都很急躁。包括站在草堂外边儿等诸葛亮起床，张飞也说在后门放把火，看他起不起！

据正史《三国志》记载，鞭打督邮这事，实际上是刘备干的，最后导致了兄弟三人的逃亡生涯。那么刘备干的事，为什么要让张飞背锅呢？因为《三国演义》是从蜀国的角度写的，刘备就相当于当朝的皇帝，因为最后的结果是三兄弟逃亡嘛，所以这事不能让刘备做，不然显得君主鲁莽、不顾大局。

三顾茅庐，关羽和张飞是有一些不太满意的地方，但也只是请出来诸葛亮之后，他们不满意刘备因为对诸葛亮太好而忽略了自己，在请诸葛亮的时候也没有表现出太多的不满。但是《三国演义》里，把张飞写得很鲁莽，实际上是为了突出刘备的礼贤下士，这样一对比，才能真正达到作者想要的效果。

《三国演义》和《三国志平话》里丑化张飞的地方还不

少。有人问了，为什么不丑化其他人，非要丑化张飞呢？咱分析这事儿啊，反正你说在那个年头，乱世，跟刘备关系最亲近的就是关羽和张飞，通过他们来衬托刘备是最好的。而《三国演义》那是明朝写的，当时关羽已经是忠义的化身了，不能丑化关羽，那只能牺牲张飞。

那么，历史上真实的张飞到底是什么样的？咱这么说吧，如果张三爷穿越到现在，去参加什么《星光大道》或者《梦想剧场》，我觉得他肯定能进决赛。因为他的才艺一定惊艳全场！这也是张飞被世人所忽视的最大的一个特点。

南北朝时期陶弘景的《古今刀剑录》有记载："张飞初拜新亭侯，自命匠炼赤朱山铁，为一刀。铭曰：新亭侯，蜀大将也。"什么意思呢？刘备在赤壁之战后，收复了南四郡，借得半个南郡，又占据了江夏，一时外有强盟、内修农战，大有开疆拓土之志，封张飞为新亭侯。张三爷正当壮年呐，意气风发，找一铁匠，取赤朱山的山铁，打造了一把新亭侯刀，刻上七个大字"新亭侯，蜀大将也"。随身带着，四处炫耀，好些个大将都羡慕。这个《新亭侯刀铭》，就是张飞的书法作品。

还有，张飞大败张郃，守住了汉中之后，刻了《立马铭》以记录这次胜利。可惜原物已经失传，现在保留的是后人补刻的。另外还有《刁斗铭》，明代的记载说："涪陵有张飞《刁斗铭》。其文字甚工，飞所书也。"还有诗赞曰："江上祠常严剑佩，人间刁斗见银钩。"作为名震天下的武将，张飞的书法定然是刚健有力、猛烈激昂，"铁画银钩"的称号绝对不虚。

张飞除了书法令人称道之外，还颇有文采，据说写过一篇散文《真多山游记》，十九个字，全文是："王方平采药此山。童子歌玉泸山涧。雪，住宿乃行。"张飞文中所提的王方平是东汉人，辞官不做，隐居修道。整篇文字简约，意境优美：仙风道骨的采药人，纷纷扬扬的瑞雪，悦耳的童谣……声画并茂，描绘了一派仙气氤氲的景象。

电影《赤壁》里边，有一个镜头描绘的是张飞在画美人图，很多人觉得导演这是在搞笑，但这个镜头确实是基于历史的。除了书法和文章之外，张飞还有一个高雅的特长，就是画画，这个，怕是诸葛亮都不如他。张飞要是生活在现在，那应该是一代印象派美术大家。

据记载，张飞不但擅长画画和草书，而且尤其喜欢画美人，也就是仕女图。传说，涿州鼓楼上的《女娲补天图》就是张飞画的。所以说，在刘备集团这帮人里头，除了诸葛亮的琴艺，恐怕也就张飞的艺术造诣能排上号了。

清代《历代画征录》也记载："张飞，涿州人，善画美人。"当年，张飞的老婆夏侯氏，可能就是因为他有才吧，芳心暗许，委身下嫁。纪晓岚还特地给这大美术家张飞写过诗："慷慨横戈百战余，桓侯笔札定然疏。哪知楀本摩崖字，车骑将军手自书。"

在世人的印象中，张三爷豹头环眼，是典型的勇夫蛮汉。他的勇武，不论是在哪个排行榜里边都位列前茅，而《三国演义》里对张飞智谋的描写却是堪忧。

历史上，张飞的智谋到底如何？咱先卖个关子，讲一讲魏国的五子良将之一——张郃。公元228年，诸葛亮首次北伐，张郃在街亭大破蜀军先锋马谡，迫使诸葛亮退回汉中。好家伙，把那么大能耐的诸葛亮逼退了，您就知道张郃多大能耐！可这张郃呢，败在张飞手下了。

张飞和张郃的冲突，要从刘备成为汉中王后说起。刘备自封为汉中王后，不断扩张土地，当时魏国就派大将张郃前去迎战。因为局面比较复杂，张郃呢也是大有威名，不仅熟读兵书，还有很多实战经验，在当时也是出了名的将领，所以蜀军中没有大将能够去迎战张郃。张飞呢，在众人眼里边儿好像也没有什么值得称道的了。当时张飞主动提出,自己能打败张郃。很多人都不敢让张飞去,因为都知道张飞爱喝酒,一喝酒就闹,这谁受得了?所以,当张飞提出要去战张郃的时候,大伙儿都吃惊。但张飞的决心很坚决,刘备无奈:你要去也行,但是约法三章,不能在军中饮酒。张飞表面上同意了,但私底下琢磨这事儿。

虽然说跟兄长有约定吧,但是张飞来到军中,还是控制不住:不喝难受,那喝吧!这个消息就传出去了,一下传到张郃那儿,张郃高兴了:把握这个千载难逢的机会,偷袭他!

夜黑风高,张郃率领大军前来偷袭,一入蜀军营地,傻了。怎么呢?空无一人。突然间,一阵箭雨,带着火光飞了下来,张郃在里边被围得不能动啊,几乎全军覆没。在这场战斗中,张飞把自己的缺陷变成了引敌的诱饵,在不知不觉中打败了敌人。这打破了人们对张飞的认识。

演义里边一说张飞就是豹头环眼,身高八尺,如何如何,那么历史上张飞真是一个形象丑陋的黑汉吗?其实不然。《三国志》记载:"后主敬哀皇后,车骑将军张飞长女也……后主张皇后,前后敬哀之妹也。"

什么意思呢？张飞有俩闺女，先后都嫁给后主刘禅，一个为妃，一个为后。那厉害啦！能够当上皇后，再加上都说刘阿斗贪图美色，从这点来看，姐妹俩的修养、相貌应该不错。根据现代遗传学的说法，气质和相貌都是会遗传的，你说张飞要真是那样丑，身高八尺，大黑脸蛋子，如何如何的，他那俩闺女不能那样啊，是不是？

这一点，考古学家后来还确实在四川一带出土的文物里边，找到了能有效佐证张飞相貌的证据。2004年，考古学家在四川简阳的张飞营山上，发现了一座高四米、宽三米的张飞石像。当地人说，这石像是唐朝的工匠为纪念张飞专门制作的。经鉴定，专家认为这确实是唐朝的文物。石像面如满月，神态温柔安详，而且一根儿胡子都没有，跟演义里的那个张飞大不相同，完全是一个标准的美男子。

历史上，张飞出身贵族家庭，文采出众，足智多谋，精通草书，擅画美人。你要这么说，这分明就是一个唐伯虎似的人物，是不是？再根据这出土的文物看，不会是像评书里边说的豹头环眼，一米八八的一个又丑又黑的汉子。

实际上，还有很多例子可以证明，张飞的形象完全是让演义给丑化了。

您比如《三国演义》里边，三英战吕布，张飞第一个冲上去，大骂几句就开打。但正史中根本没有这回事，吕布是被孙坚打败的。再比如，您看火烧博望坡，演义中张飞开始不服诸葛亮，赢了之后呢，心悦诚服。正史中是刘备亲自指挥的，当时诸葛亮还没有出山，也没有张飞什么事。还有，失徐州，演义中记载张飞献计劫营，让曹操识破了，兵败后跟刘备失散。正史中没有记载这一段，只记载刘备兵败，将军夏侯博被生擒，刘备逃亡，张飞紧跟着。

## 赵云

一说赵云，好些朋友就想起一句话来，说"常山有虎将，智勇匹关张"。脑子里边就出现这样一个画面：一手青虹剑，一手亮银枪，胯下白龙马，一身银甲，在曹操八十万大军中单骑救主、往来折杀，七进七出，所向披靡。

有人就要问了，既然他这么厉害，怎么也没见有什么建树啊？别说《三国演义》里没有，《三国志》也没写呀。这个啊，首先我们要知道，《三国演义》是小说故事，而且赵云在里头也不是主角。再说，《三国志》的作者是谁？陈寿。这书写在西晋，西晋王朝是什么？是司马昭夺了曹操后人的天下,说到底,这个班底都是魏国的。且不说他有没有私心,在当时的大环境下有没有刻意地弱化蜀国大将的嫌疑?

几百年后的唐朝人怎么说赵云的?现在,在韩国扶余市的定林寺,有一块碑,这块碑是唐朝攻灭百济、立碑夸功劳的,碑上夸赞当时的主帅苏定方:如赵云一般"一身之胆,勇冠三军"。各位要是不信,可以去查一下,甚至可以亲自去看一看,这是唐朝人对赵云的评价。

真正了解三国最全的,我个人推荐注解《三国志》的裴松之。这个人,应该说是对于三国的研究达到了痴狂的地步,为了注解《三国志》,甚至对其中的错漏进行弥补,引用各家言论,收集资料堪称史上最全,注解文字是原文的三倍还多。

照这么看,赵云绝对是个勇猛忠义的人。可他也有缺点,他也弃主、吃败仗。有人说,这听着可新鲜,什么时候弃主的?这得从他出道开始说。

现在有很多说法,其中有说赵云出身寒微,所以在三国里面并不突出的。这个,咱们就得考究考究了。首先来说,《三国志·赵云传》就说他"为本郡所举"。那年月,想要做官,都得由有名望的家族或者名人保举。那时候的一个郡呢,就差不多相当于现在一个市那么大,能被举荐出来的都是有头有脸的人。东汉末年,因为黄巾起义,朝廷允许地方自立军阀镇压,也给后来的诸侯之乱埋下了祸根。按道理来讲,赵云也是个世家子弟,自己也能拉出一支军队搞事情。但是赵云没有,反而跑去给刘备打工。这就有点意思了,赵云是怎么跑去给刘备做事的呢?

这要从赵云和刘备的相遇说起。他俩在哪儿碰见的呢?赵云带着真定的一帮人,投了公孙瓒,去的时候胸怀大志,想跟着公孙瓒干点大事。这一年呢刘备也来了,两人一聊啊,太投缘了,那就一起干吧!两人想得正美的时候,公孙瓒开始不地道了。

根据《资治通鉴》记载,汉献帝让刘虞之子刘和,求助关东诸侯。公孙瓒呢,跟刘虞想的不一样,就派自己的弟弟公孙越跑去给袁术通风报信,让他把刘和关了起来,自己趁机收了刘虞的兵马,穷兵黩武,跟袁绍干架,顺便架空了刘虞,而且纵容士兵们烧杀劫掠,祸害老百姓。

这就跟赵云本来想的不一样了。赵云一琢磨:我不能含着眼泪跟着公孙瓒一块儿抢吧?于是呢,就跟公孙瓒请假,说要回家奔丧去。临走的时候,这刘备拉着赵云,很是舍不得。赵云很感动,答应刘备:"终不背德也。"

这句话,其实是个双关语。第一是不会背弃刘备刘玄德,另一层就是,我不能跟着公孙瓒干不道德的事,我不跟他混了。打这儿起,赵云就回家蹲在那儿不回来了。公孙瓒也没等到赵云回来,就死了。

公孙瓒一死,刘备高兴了,赶紧给赵云写信:哥们,快来吧,哥哥自己开公司了,咱们赶紧一块儿吧!赵云接到信很高兴,屁颠屁颠地就去了。

按理说,刘备喊人家来的,怎么也得给个干部什么的。但是赵云跟着刘备的时候,刘备已经开始发家了,拉着关羽、张飞把集团都搞起来了。赵云来的时候呢,董事局这干部编制基本也就满了,刘备也没怎么跟他客气:保安队长,干不干?赵云呢不讲究:我答应了要帮你,还跟你计较这个!

打这儿起,赵云就开始给刘备做保安。当然了,刘备如果真的是个皇帝,保安队长的官儿也不小。而且,刘备让赵云做保安队长,心里也觉得怪对不起人家的,没事就拉着赵云聊天,有时候干脆累了就一块儿睡觉。这就……有人有点小情绪了。《三国志》记载,"先主与云同床眠卧"。而在《三国志》里边,刘备跟关羽张飞睡,都有过。在关羽张飞看来,这是他们哥俩跟刘备之间的特权,刘备怎么能跟赵云也睡呢?

关羽张飞不高兴是一回事,但赵云给刘备做这保安队长,一点儿都不省心。这刘备啊,不管是被别人抓了还是吃了败仗,撇下老婆孩子自个儿就跑了。赵云长坂坡七进七出,就是个特别典型的例子。曹操打过来了,刘备爬起来就跑,半道上赵云想起来了:"夫人跟少主呢?"刘备这才反应过来:"丢了!"赵云一想,我是保安队长啊,主公的家眷没带上,这算怎么个事儿!

于是赵云带着几个亲兵,杀入曹营,救出阿斗,一路杀出去。那么,赵云花了多长时间呢?《三国演义》写的是四更至天明,就是从凌晨一点一直打到天亮。这么长时间,曹孟德手下这么多人,就都是废物吗?其实也不怪曹操的手下不行,赵云救主的时候,连斩了淳于三兄弟,让曹操给知道了。大伙儿都知道,曹操爱才啊,恨不得天下最好的人都到自己手里来,所以下令:"我要活赵云,不要死子龙。"要活的!这赵云有必走的决心,曹操手底下的又不敢下死手,就在这种复杂的状态下,赵云才安全地把阿斗救出来。

救出来之后,这刘备也是个玩儿心态的,一看赵云这样,啪一下就把孩子给摔了:"险些损我一员大将,要你作甚!"弄得赵云挺过意不去,觉得主公挺在乎自个儿。

当然了,后来大伙儿分析啊,首先呢,刘备长得就跟别人不一样:耳朵大,胳膊长。胳膊长呢,这就好办了:抱着孩子,猫着点腰,等于是直接就撂到地上了,而且还是沙土地,所以孩子没事儿!你要真想摔的话,往起了扔啊!"要你做甚?"一扔,啪一下摔扬谷地上,也就没后边的事儿了……所以大伙儿都说,这刘备啊,会玩儿心态。

可能是因为赵云连斩大将的事迹实在太英勇,罗贯中后来就拿这段移植了一下,写了一个关羽过五关斩六将。包括现在,很多人都对关羽这一段事迹表示很怀疑,因为在关羽去找刘备的路上,他来来回回走了个之字路线,好像是故意找了几个城池来挑衅!而且呢,这六个大将的死亡时间也合不上。后来又有人分析,说罗先生这地理课学得不好,可能在移植的时候走了样!当然了,这也是根据关羽的行进路线进行的推演,大家一说一乐。

说到这儿呢,我们还得提一提空城计。空城计最初的脚本,是从《三国志》的裴松之注解里的三个小故事发展出来的,在陈寿的《三国志》原文里并没有记载。其中的真实性,我们也只能像过五关斩六将一样,进行推演。

第一个，咱们按着演义里边的推断：诸葛亮对阵司马懿。司马懿号称"冢虎"啊，冢是坟头的意思，就是说悄悄地靠近猎物，让你在不知不觉中就死去的老虎，厉害！司马懿的性格也是不打无准备之仗，当时他手握二十万大军，如果怀疑诸葛亮城中有诈，可以驻军设防打探啊，掉头就跑这不像话。

司马懿对阵诸葛亮的时候，大多采用坚守不出的战略。而且西晋的郭冲记载了：司马懿当时追击诸葛亮，也是追而不击，诸葛亮能半路停下来表演一段空城计，这个概率实在是太低了。

第二个推断呢，说空城计是文聘的疑兵之计。孙权围攻驻守石阳的魏国文聘，文聘同样选择了坚守。危城难敌的时候，派千人登山放火，虚张声势。孙权误以为魏国援军赶到，所以退兵。但是你要根据《魏略》的记载，孙权可是足足围了二十多天，魏国朝廷为了救不救石阳，一帮人吵来吵去，孙权不可能一点儿风声都没收到就草草收兵。所以，这一段成功的概率几乎为零。

第三个推断，就是赵云的空营计。说的是赵云打开营门，点亲随数人，阵前不惧色，又命人击鼓放箭，吓得曹军担心中计，掉头就跑。这一段记载在《云别传》中，和《三国演义》的空城计如出一辙，只是有些许的细节出入。也是从这儿开始，记载了赵云"虎威将军"的名号。

这一段，因为并不是两个国家的主帅对阵，不被《三国志》记录下来也情有可原。这里提到的《云别传》，是赵家的后人对先祖的追念，被裴松之放到了注释版本里。所以，空城计这个故事，估计也是罗贯中从赵云这儿移植过去的。

当然了，不管怎么说，到底是不是从赵云身上移植过去的事儿呢没有确切的证据，我们也只能根据当时的一些记载去追溯。

根据《云别传》的记载，刘备打下了成都（那时候叫益州），就开始膨胀了。手底下的人闹着要分红，刘备也是有这个打算的。就在所有人都闹着分田酬功的时候，赵云站出来了，跟刘备说：大丈夫有所为，有所不为，更何况现在咱们在成都根基还不牢，现在抢了百姓的田地，回头他们跟敌人通风报信，咱们就不好办了。

刘备一听，有道理啊。于是在股东大会上面一拍板，其他人就都傻眼了，心里没少对赵云这种当众泼冷水的行为犯嘀咕。不过呢，这一段因为是记载在《云别传》里，也有人对这件事有异议，觉得赵云不至于当众干出这种惹众怒的事情来。

历史上，赵云挺受手下人爱戴。想当初关羽兵败，曹兵四处传谣，搞得关羽身边最后只有几百个亲兵跟随。被后世人称为"常胜将军"的赵云，也同样吃过败仗，但是他跟关羽不太一样。

关羽死的时候，刘备那是急了，闹啊！要帮关羽报仇。赵云呢又蹦出来了，劝刘备不要跟吴国撕破脸，先把曹操撂倒。刘备当时脑充血，一句也听不进去，还把自个儿搭进去了。

刘备死了之后，刘禅很念赵云的好，给他升了官，封侯拜将。这个时候，诸葛亮在蜀国就当了代理总裁。诸葛亮新官上任三把火呀，带着蜀国集团就跟魏国干仗去了。

诸葛亮让赵云作为疑兵打前锋，没想到，赵云迎头就碰上了魏国的主力部队，双方短兵相接，败了，手下的士兵拔腿就跑。赵云一瞧这不是个事儿啊，一边下令退军三十里，一边重新聚集逃走的士兵，布置阵脚，依托地利阻击。退军的时候，赵云更是亲自断后，保护军队和物资的撤离。

等回到蜀国，诸葛亮一算，赵云带的队伍损失最小，诸葛亮就不满意了。为什么？诸葛亮自己闹着要出去干魏国，结果自己手下的马谡在主战场上丢了街亭，自己为了告罪自贬三级，本来就很没脸了，赵云遇上了魏军主力，居然损失最少，这让他很下不来台。就问助理邓芝：街亭退兵的时候，我们都乱成一锅粥了，怎么赵云那边回来的还是满编的呢？

助理就把赵云亲自断后的事情说了，诸葛亮心里有点嘀咕：你在那儿邀买人心，把我放哪去了！于是下令，把赵云那边带回来的物资都给士兵分发下去，作为奖励。赵云也是会看脸色的，一瞧诸葛亮这个样子，知道他肚子里弯弯绕绕太多，也跟着自请受罚，诸葛亮这才算是满意了。

诸葛亮也是心太多，最后累死了。您看啊，蜀国的董事局前股东刘备关羽张飞三兄弟，再到二世祖刘禅，名誉总裁诸葛亮，没一个活得长久的。只有赵云，是蜀国这些前期核心股东里面少见的寿终正寝。死了之后，俩儿子也分别拿到点小股份。

说起赵云，在三国各集团里面算是很受后世人的喜欢。主要是他忠义、低调、兢兢业业的形象，符合传统文化里边对于臣子的定义，所以后世的统治者喜欢拿赵云做楷模。就像关羽被后世人神化了一样,赵云也被塑造成了一个神人。

其实,赵云从追随刘备开始一直到去世,始终都不曾贪功冒进,也没有到处显摆能力,只是默默地做好自己的分内之事。我想,这是他最被大家认可的地方,也是作为一个人最难能可贵之处吧。

## 琅琊诸葛"龙虎狗"

终于,咱们聊到了《三国演义》里大伙儿心心念念的大男主——诸葛亮先生。

诸葛亮,蜀汉丞相,发迹得早,二十七岁就出仕。出名早、名气大,虽躬耕于陇亩,名气却响彻海内外。上到水镜先生司马徽、徐元直这样的名流义士,下到卧龙岗叫不上名儿来的山野村民,一提到诸葛先生,那都得喊一声"牛!"。在这样的情况下,二十七岁的诸葛亮一首《隆中对》,让自个儿成了刘备心目中无上的思想领袖和精神导师。

不过咱们要聊的不单是诸葛亮一个人,还有他背后的一股子神秘力量。

有人问了,诸葛亮在出山前,还有什么家族背景不成？您要这么问呐，说明只知其一，不知其二了。关于诸葛亮的身世背景，这其实是个正儿八经的学术问题。不知各位看了这么些个三国题材的电影、电视剧，有没有听过一个关于诸葛家族的玄妙说法，叫作"龙虎狗分侍三国"。听着很唬人，也让人有点儿摸不着头脑。谁是龙？谁是虎？谁又是狗？

《太平御览》里这样记载："诸葛瑾弟亮及从弟诞，并有盛名，各在一国。于时以为蜀得其龙，吴得其虎，魏得其狗。诞在魏，与夏侯玄齐名。瑾在吴，吴朝服其弘雅。"所以说，"龙虎狗"说的就是诸葛家的三兄弟，分别是哥哥诸葛瑾、弟弟诸葛亮，以及一个堂弟，叫诸葛诞。同出一氏的这三人，分别效力三个国家：诸葛亮被刘备重用，蜀汉丞相，是龙；诸葛瑾报效东吴，做了孙权谋士，为虎；诸葛诞投奔魏国，和夏侯玄一起官至大将军，称狗。

弟兄三人，为什么要各为其主呢？俗话说得好啊，兄弟齐心，其利断金。出门在外，有个兄弟帮衬帮衬一起抱团打拼，往往可以事半功倍，但诸葛家的三兄弟却不这么想。整个诸葛家族在汉末三国布局之深、分散之广，令人叹为观止，它的影响甚至远不止这三个人。他们到底布了个怎样的大局？

常言道，肥水不流外人田。但凡有了好事儿，第一时间得先给自家人安排上，这在东汉末年门阀政治盛行的大环境下尤其凸显。什么叫门阀政治呢？简单来说，就是当皇权旁落、权力中空的时候，大家族们就开始垄断起政治和军事势力来。

东汉末年，臣子的权柄之重远超前代。就拿倒霉蛋儿皇上汉献帝打比方吧，董卓、李傕、曹操，稍微有点实力的集团轮番欺负、挟持他。在那个士族崛起的年代，出现了越来越多的门阀，希望在乱世中分得一杯羹。你看四世三公的袁绍、河间温县的司马，嚣张的臣子往往拖家带口，一拨又一拨，一代又一代，轮番涌现。司马懿一口吃不下曹魏，还有他儿子司马师和司马昭呢，儿子没有完成的任务，还可以由孙子司马炎完成，这就是家族的力量。

家族门阀本是东汉末年共荣的产物，大家族里的贵公子们，您看着一个个含着金汤匙出生，出门是名驹宝马，脚镫子都是镶金的，带着八个保镖，先不论会不会培养成袁谭、袁尚那样的败家子儿，至少起跑线比街上说相声的那些汉子高了不知多少。所以，即便子孙不才，差也差不到哪儿去。

"上品无寒门，下品无士族"，说的就是这样一个局面。

乱世出人才，更出鬼才。在人人都在抱团取暖的时候，诸葛家很奇怪，弟兄三人分别挑了不同的老板。最被我们熟知的，就是美貌与智慧的化身——诸葛亮。他投奔刘备的时候二十七岁，当时的天下，已经乱哄哄打了十多年，他还在自家的茅屋里宅着呢。此时的诸葛亮，会像《三国演义》里描写的那样淡然自若，没事睡午觉吗？很有可能不是。

三十而立啊，他已经二十七了，再有三年就算是高龄的待业青年了，他能不焦虑吗？他此时面临两个选择，要么去江东，投奔正广揽英才的孙权；要么奔荆州，刘表那会儿正招揽自个儿。去东吴，可以跟哥哥诸葛瑾做同事；去荆州，可以坐享完美的战略要地。无论哪一边，其实都是一个不错的选择。可这牛人呐，他牛就牛在这儿：永远不会做出让你能猜得到的事儿！

诸葛亮到底在想什么呢？其实他在等。等什么？一个乱世的机会。

您想啊，如果没有秦末大乱，刘邦可能就在泗水当一辈子亭长。别说刘邦，项羽可能也就像《天龙八部》里的慕容复似的整天嚷嚷着复国，实际上什么也干不了。荆州，已经和平了二十多年，他去了能干什么呀？一抬头就能看见自己的上限，这对有雄才大略的人是最大的残忍，因为他不想继续碌碌无为下去。也许，只有曹操南下讨伐荆州，继续搅动这时局，才是他诸葛亮建功立业的机会。而能抵御曹操的，一定不是啃老本儿的刘表，而是有着创业决心，并且一直跟曹操死磕的刘备。

建安十二年，刘备来到隆中求见的时候，诸葛亮的内心应该是跃跃欲试的。他在《隆中对》里阐述了时事和格局，其中一句"霸业可成，汉室可兴矣"，完美击中了刘备的内心，二人一拍即合，达成共识。建安十三年，也就是诸葛亮提出《隆中对》的第二年，曹操果然率军南下，此时刘表已死，新任的荆州牧刘琮带着全州投降。此刻，诸葛亮预料中的时局，终于来了。

相比二十七岁还没找到工作的诸葛亮，他的哥哥诸葛瑾其实也好不到哪儿去。建安五年，二十六岁的诸葛瑾因躲避战乱来到了东吴，后来被推荐到孙权那儿，这才走上了和诸葛亮不一样的政治舞台。有人可能会想，弟弟在蜀国，哥哥在吴国，吴蜀两国偶尔还短暂地联合一下，但联合也只是为了共同御敌，毕竟敌人的敌人是朋友嘛，可这并不代表吴蜀两国就是朋友了啊。后来，吴国大将吕蒙破荆州，导致关羽被杀，不就是吴蜀一家亲被打脸的典型例子吗？那么问题来了，难道两边的老板真就用人不疑？就不怕他俩一串通，泄露点儿军事机密什么的？

事实证明，诸葛瑾还真不是那样的人。建安二十年，孙权曾派遣诸葛瑾出使蜀国。《三国志》记载过这样一段经历："权遣瑾使蜀通好刘备，与其弟亮俱公会相见，退无私面。"什么意思呢？诸葛瑾出使蜀国，碰见了弟弟诸葛亮，两人见了面没有拉家常、谈闲门儿，只谈公事。可见两人都是非常尽职和忠诚的。诸葛瑾的老板孙权，也确实很喜欢这位下属。有一次刘备率大军伐吴，孙权又派诸葛瑾做和事佬，前去求和。有人心里就不踏实了，谁知道诸葛瑾安的什么心？没准是投奔他弟去了！孙权不高兴了，说："孤与子瑜有死生不易之誓，子瑜之不负孤，犹孤之不负子瑜也。"子瑜，就是诸葛瑾的字。通过这段话您就看出来了，孙权对诸葛瑾啊，那是一万个放心。凭着自己的能力，加上孙权的信任，后来诸葛瑾也算是平步青云，官至大将军、左都护，领豫州牧。他的儿子诸葛恪，当上了吴国的丞相，执掌东吴军政大权。

同样当上大将军的，还有诸葛亮的堂弟、身在魏国的诸葛诞，也就是前面所说的"魏得其狗"。这里的"狗"并不是骂人，而是"功臣"的意思。如果说，诸葛亮和诸葛瑾是吴蜀两国的最强大脑，那么诸葛诞就是魏国的超级兵器，武力超群，作战能力强，被魏国任命为征东大将军。这位诸葛大将军，早年间和司马师有过不少次的亲密合作，先后协助司马家平定了毌丘俭、文钦等"淮南三叛"中的前两次叛乱。但他没想到，他诸葛诞自己却成了"淮南三叛"中的最后一叛。

怎么回事儿呢？其实当时魏国的政局正处在非常敏感的时期。司马氏正在一步步蚕食曹魏的江山，一切不安分的力量都受到大小不等的打击，毌丘俭和文钦之所以叛乱，就是因为不满司马家一家独大。只是没想到，诸葛诞在平定了叛乱之后，司马师那么快就把刀刃对准了他，而且来得那么快、那么凶猛。诸葛诞只好在淮南奋起反击，只是实力悬殊，最后还是事败被杀，并且被夷灭了三族。

按理说，既然诸葛家族的人分散得如此之广，那么即使在战场上遇着也是再正常不过了。好巧不巧，就在诸葛诞还在魏国如日中天的时候，碰上吴国的诸葛恪了。

这诸葛恪呢，就是吴国一脉诸葛瑾的儿子，严格来说，他算是诸葛诞的堂侄。这场魏吴大战发生在孙权去世前后。在知道自己时日无多的时候,孙权命诸葛恪封锁了东兴的水上堤坝,以提防魏国趁机南侵。而魏国的大将军司马师,则希望趁东吴新皇帝刚刚继位、政权不稳的时候发兵攻打东兴,以此来破坏吴国的防御。面对司马师的战略规划,魏国的武将纷纷献策,其中就有镇东将军诸葛诞。而他的对手,就是时任东吴太傅、亲率四万大军赶来的诸葛恪。此时的东兴,一场"诸葛战诸葛"的好戏上演了。

当时,诸葛诞和另一位大将军胡遵,共率领了七万魏军进攻东兴。但是由于城池在高处,一时无法攻下,魏军兵力过多,狭窄的山麓也不能全部容纳。但瘦死的骆驼比马大,地形再不利,魏军那边也是七万大军。诸葛恪虽然手下兵少,可也没有一筹莫展,相反,他还出了一个奇招!多奇呢?说出来您别乐,就是不穿衣服,在冰天雪地里打裸仗。《三国志》记载:"时天寒雪,魏诸将会饮,见赞等兵少,而解置铠甲,不持矛戟。但兜鍪刀盾,倮身缘遏,大笑之,不即严兵。"什么意思呢?说是漫天大雪,魏兵正聚在巢湖的大堤上饮酒、烤火取暖呢,不知从哪儿哧棱哧棱就冒出一小撮儿光着膀子、拎着刀的壮汉来。士兵们是乐得都不行了,这玩意儿也不怪人家,换谁谁也得乐:怎么了这是?可是他们并不知道，这些舍弃了长矛长戟的裸身大汉，都是诸葛恪在几年前精挑细选招募来的丹阳兵。

这些丹阳兵身强体壮，抗揍扛冻，仅三千多人，由先锋丁奉和留赞带领，直勾勾地就杀向了魏军。此时魏国的士兵已经冻得手脚都发麻了，任凭人数再多，冻得连兵器都拿不稳了也是白搭，再加上东兴守军和诸葛恪主力的夹击，很快就败下阵来。诸葛恪对战场的布局了然于心，其谋略也可谓步步连环、滴水不漏，他一手训练的精锐之师也没有辜负他的期望。在击退了魏国的大军之后，他在吴国的威望和权力达到了巅峰，吴主孙亮在大军凯旋后加封他为吴国丞相。

令人哀婉的是，诸葛恪自东兴大捷后开始有点儿轻敌自大，次年就大举北伐，最终在东吴的噩梦城市合肥再度落败，回国后陷入政局风波，被孙亮和孙峻联合刺杀。

回过头来，再看诸葛家族的三次押宝。"龙虎狗"在三国分别成了一方势力，结果谁也没想到会落得满盘皆输的局面。诸葛亮的儿子在保卫绵竹的时候战死。诸葛瑾的子孙也因为儿子诸葛恪的穷兵黩武，让百姓们怨声载道，让权臣们怀恨在心，在孙权死后没有庇护的敏感时期陷入政治风波，最终灭门。加上诸葛诞被司马家当成肃清政敌的主要对象，也落了一个夷灭三族。诸葛家分批下注的如意算盘，算是失败了。

然而就在大伙儿感慨诸葛家的血脉被彻底斩尽的时候，出了个奇事儿。诸葛家并没有完全绝后，除了已退出历史舞台的诸葛子孙外，诸葛诞的长女依然活跃在魏晋的舞台上，后世称之为诸葛太妃。她因为嫁与司马懿的儿子司马伷而免于死刑。说来也巧，诸葛诞的这个女儿有个儿子，叫司马觐，司马觐有个儿子，叫司马睿。熟悉历史的朋友就都知道了，司马睿，就是东晋的开国皇帝晋元帝。

历史就是爱开玩笑，魏蜀吴三国相互征伐了数十年，那么多英雄跟随曹刘孙们折腾了半个世纪，最后却是司马懿一家摘取了胜利果实。诸葛家分别侍奉三国的君主，位高权重，也都没得到好下场。然而，最后的最后，谁又能想得到，诸葛诞的曾外孙，成了东晋的开国皇帝！真是天道好轮回。

## 周瑜

《三国演义》里边有一句周瑜的名言："既生瑜，何生亮?"周瑜跟诸葛亮三番两次地斗法,最后失败了,吐血而亡。网上有一种声音啊,说周瑜其实是被孙权给气死的。反正说什么的都有,那么历史真是这样吗?

不管是三国类的影视剧,还是各类三国题材的游戏,文臣武将里不得不提的,就是东吴周瑜。周瑜的父亲叫周异,是当时首都洛阳的市长,所以他是个不折不扣的官二代。周瑜本人呢长得帅,文学底子、音乐修养都十分了得。

他从小跟孙策俩人就好,二十一岁起就跟随孙策奔赴战场,平定江东。后来孙策遇刺身亡,弟弟孙权继任,周瑜带着部队去奔丧,跟张昭一起掌控东吴朝政。建安十三年,也就是公元208年,周瑜率军与刘备联合,在赤壁之战大败曹操,由此奠定了"天下三分"的基础。

《三国志·周瑜传》记载,周瑜"性度恢廓",夸他心胸宽广,有能耐。孙权称赞周瑜有"王佐之资"。宋徽宗的时候,还追尊他为平虏伯,位列唐武庙六十四将、宋武庙七十二将之一。

武庙里面都是这些个有能耐的大将的塑像,他们凭着自己的能力立身于武庙,受后人凭吊。能入唐武庙六十四将、宋武庙七十二将,说明周瑜本人的确有不寻常之处。但《三国演义》里面的周瑜就被写得不咋的了:小肚鸡肠、暴跳如雷、气急败坏……你这玩意儿，怎么弄？

在《三国演义》里，罗贯中先生特意用了"三气周瑜"的桥段，来贬损这位美周郎。

先说一气周瑜。《三国演义》第五十一回说，周瑜和诸葛亮约定，如果周瑜夺取南郡失败，刘备再去取。周瑜第一次夺取失利受伤，然后又将计就计打败了曹兵，但是诸葛亮却乘机夺取了南郡等地，既没有违约，又夺取了地盘，气得周瑜金疮迸裂，摔下马来。

二气周瑜呢，是在刘备的夫人死了之后，孙权按照周瑜的计策，假装把自己的妹妹孙尚香许配给刘备，想把刘备骗到东吴，再把他杀了！可没想到，孙权他妈，老太太看中刘备了："这个乘龙快婿好！"不让孙权杀。周瑜呢，就想让刘备长期地跟诸葛亮、关羽、张飞这些人隔开，用声色迷惑刘备，让他丧失夺取天下的雄心，但又失败了。诸葛亮又用计，让刘备安然地回到了荆州，还让周瑜中了埋伏，安排士兵讥讽他："周郎妙计安天下，赔了夫人又折兵。"把周瑜气得金疮再次迸裂。

三气周瑜是最严重的，直接就气死了。《三国演义》第五十六回记载，刘备向东吴借取荆襄九郡，图谋发展壮大自己，然而东吴怕养虎为患，等刘备强大之后势必对自己造成威胁,三番五次要求归还荆州。刘备和诸葛亮就以攻取西川后必还荆州为由,但又迟迟不攻取,这让周瑜气急败坏,想出一主意:借道荆州,帮刘备取西川。但这主意呢被诸葛亮看破,又让周瑜被困了。因为又气又急,旧伤复发,周公瑾不治身亡。

正史上没有这些故事,罗贯中为什么要如此贬损周瑜呢?我觉得啊,差不多有三个原因:一是为了写书。罗贯中写的这《三国演义》是在民间传说的基础上加工而成的,那么他所写人物的特点,就是老百姓们所想的特点。民间有汉室正统的观念,曹操他是篡汉的,非正统,民间不承认。罗贯中所处的时代是元朝末年,民族压迫很严重,民间自然就痛恨这种非正统,盼望着有像刘备这样正统的人来拯救民众。

第二个呢,《三国演义》是尊刘备为正统的,像魏国、吴国都是伪政权,所以要把吴的代表性人物周瑜给写成心胸狭窄的人。

第三个原因,则是为了衬托诸葛亮的神机妙算。诸葛亮是《三国演义》里的核心人物,但在历史上,周瑜比诸葛亮成名可早,战绩也比诸葛亮辉煌,家庭也比诸葛亮的家和睦。年纪轻轻,一国栋梁,受老板信任,要风得风要雨得雨,能不让人嫉妒吗?所以只能贬损周瑜,才能烘托诸葛亮的为人。

从小说家的角度出发,这没错。那么历史上真实的周瑜是什么样的?

首先,正史上记载周瑜宽宏大量。南北朝时,裴松之注引的《江表传》记载,在周瑜正式担任都督之后,孙坚的老部下对周瑜其实是有情绪的。你比如老将程普,追随孙坚十几年,后又追随孙策、孙权,几十年的老资格,凭什么在你周郎小儿手底下做事?人之常情嘛,这些老将大多有这种心思。但是,身为都督的周瑜没有为这事生气,反而亲自上门,拜访请教各位前辈。人活着,其实就活一个心气儿,很多时候就是因为沟通不善闹不愉快,只要一聊,没有解决不了的事情!由此,周瑜深得程普等人信任。之前程普恨得都不行了,肚子里边可难受了,心里酸得慌。这以后,程普说了:"与周公瑾交,若饮醇醪,不觉自醉。"您说跟人打交道这玩意儿,说难也难,说简单也简单。您看周瑜这人格魅力,要说他心胸狭隘、嫉贤妒能,谁信?

据《三国志》记载,建安五年,孙策遇刺,临终把军国大事托付给了孙权。当时孙吴政权所管辖的面积很小,江东的英豪也并未和孙家建立起君臣关系。关键时刻,首先出面支持孙权的是张昭、周瑜等人。周瑜从外地带兵前来,留在孙权身边任中护军。他握有重兵，用君臣之礼对待孙权，同张昭共同掌管军政大事，其他的人自然就不敢有异动了。

还有一个故事，曹操在官渡之战打败袁绍后，于建安七年，叫孙权把儿子送到自己这儿来做人质。孙权一想，这哪行呢？不愿意受制于人呐。就召集群臣：咱们商量这事儿吧。文武群臣众说纷纭，只有周瑜坚决反对，有理有据，噌噌噌一分析，这番话打动了孙权，没有给曹操送人质。

这就说明周瑜不仅宽宏大量，还有勇有谋啊，不像小说里边设计的那样。那话又说回来了，他怎么三十六岁就死了呢？是不是气死的？

最广为流传的说法，就是《三国演义》里周瑜是被诸葛亮气死的，但《三国志》可不是这么记载的。刚刚咱们说了诸葛亮三气周瑜的桥段，一气二气三气，现在咱们逐一说说这事，证明周瑜之死和诸葛亮半毛钱关系都没有。

第一气的南郡之战，它就是周瑜打下来的，跟诸葛亮没有关系。南郡之战是赤壁之战后很著名的一场战役，孙刘联盟和曹操两方，都有著名的武将参战。孙刘这边有周瑜、甘宁、吕蒙、关羽、张飞、赵云，曹操这边有曹仁、文聘。南郡之战是孙刘联军继赤壁之战后的又一次胜利。周瑜领东吴兵马与曹仁鏖战,关羽率军绝北道,阻截了各路支援南郡的援军,刘备又在这期间攻占了江南四郡。除了襄阳、樊城还在曹操手里,荆州的大部分领土都被刘备所攻取。东吴所攻占的南郡,在鲁肃的建议下被孙权借给了刘备,刘备就把治所设置在南郡公安。

二气周瑜中的嫁妹之策,这主意不是周瑜出的,那是孙权心甘情愿嫁的。据《三国志》记载:"权稍畏之,进妹固好。"主动提出来的!刘备和孙权联姻是三国史上的一件大事,孙权主动提出嫁妹,就是为了和刘备加强联盟关系,完全是政治因素,也就没有周瑜赔了夫人又折兵一说。

三气周瑜中,周瑜借道荆州攻打西川的计策被识破,这事儿是有,但也跟诸葛亮没关系。当时刘璋为益州牧,外有张鲁寇侵,周瑜就建议孙权:"曹操刚刚受到挫折,正担心自己内部不稳,我们应该进军攻取蜀地,吞并张鲁,然后与马超结成联盟,再从襄阳北上进攻曹操,北方可定!"

在三气周瑜的这个时期,周瑜跟孔明就没有打过交道。那时候孔明让刘备给派出去了,到零陵、桂阳、长沙三郡做后勤保障工作,根本没和周瑜碰过面!至于周瑜病逝之后,蜀国去吊唁的代表是庞统,不是诸葛亮。

那么,周瑜不是诸葛亮气死的,真凶又是谁呢?现在还有一种说法，说肯定不是诸葛亮，有人认为是让孙权气死的。

这个版本说的是什么呢？说赤壁之战之后，周瑜名震天下，老百姓都谈论着东吴周瑜厉害，而身为主公的孙权呢，没人搭理。这让孙权心里不美丽了，就忌惮周瑜。

另外，刘备在面见孙权时说了一句话："公瑾文武筹略，万人之英，顾其器量广大，恐不久为人臣耳。"这意思就是说，周瑜文韬武略，是万中无一的英才啊，我看他的这个能耐、这个器量、这个状态，恐怕不会长久地做别人手下的臣子——字字诛心啊。所以很多人就以此推断，周瑜是死于孙权的猜忌。

还有一种说法：赤壁之战后，周瑜跟孙权建议抢在刘备之前攻取益州。本来这是一个很好的建议，但是，孙权担心周瑜入川后拥兵自立，于是把周瑜的家眷全抓起来了，作为人质。周瑜在道儿上听到这个消息，气得不行，都打马上掉下来了，连忙启程返回东吴。但心里边实在太别扭了，最后死在了巴丘。

这个说法在历史上好像有一定的依据。虞溥在《江表传》中有这样一段记载：周瑜请求出兵攻打益州，孙权同意了,于是周瑜快马加鞭回江陵做准备,行军到巴丘的时候,病死了。这里,周瑜确实是打算进攻益州,也确实是死在了巴丘,看起来好像差不多,但《三国志》没有记载说孙权抓了他的家眷,连周瑜的死因也不明确,只说是病死的。也就是说,"孙权气死周瑜"这个说法是没有历史依据的。

那么周瑜到底是怎么死的呢?咱们说话都得有历史依据,不能胡说。所以翻遍了史书以后,我确定周瑜应该不是气死的。

《三国志》对周瑜的评价是"性度恢廓",什么意思呢?说周瑜的性情是宽宏阔达。而且虞溥在《江表传》里对周瑜的这个特点是专门有一段说明的:"(程)普颇以年长,数陵侮瑜。瑜折节容下,终不与校。普后自敬服而亲重之……"也就是说,程普最初不服周瑜,屡次羞辱他,但周瑜呢不计较,最后程普很尊重周瑜。

反正这么看呢,周瑜身为一位心胸豁达的将领,不会几句话就气出病来。陈寿在《三国志》中有记载,赤壁之战以后,周瑜、程普率军夺取南郡,与曹仁对战。结果周瑜在作战中被箭射中了右肋,伤得很重,卧床养伤。消息传到曹仁那儿了,曹仁立刻率大军来犯,周瑜只能在伤病未愈的情况下爬起来,到前线激励士兵,才把曹仁打退。

右肋这个部位是肺啊,周瑜的肺受了箭伤,在那个情况下还要上前线督促士兵作战。加上当年一直是交战状态,他这长期舟车劳顿的,没时间休养,所以最后暴病而亡也是在情理之中的。

虽说他不是气死的,但我又想起网上一句话来了:"不论世上道儿有多窄,只有心宽人能过。"心宽的人呐,承认自己有弱点,明白他人没有义务向着自己,懂得顺应自然,不会为失败懊恼,不会为失去悲伤,这样的人,才行呐!

反正我这么些年来所接触的人里边儿,心宽的,都活得长远!所以奉劝朋友们:天下事不值得,踏踏实实活着比什么都强。

# 水浒

咱们一直聊着古代的那些是是非非、真真假假,不知道您发现没有,历史上那些史学家们呕心沥血、废寝忘食,熬着夜奋笔疾书写下来的青史,有时候就是打不过街坊王奶奶、李大爷喝多了酒,跟孩子们聊天儿的那些口口相传。有一些小说刻画的人物啊,就让一些主人公平白无故地担上了千载的骂名。

您比如说四大名著里的《水浒传》,是流传度非常高的文学作品,里面的经典人物、经典故事,传唱度都非常高。曾经有一段时间,在中国人人读《水浒传》,武松这一人物还成了当时少年人共同崇拜的英雄。一说武松呢,跟他有关系的很多人物也都很有名。甚至一百单八将里边的有些位,您都说不上名儿来,反而不是梁山上的人您记得特别清楚,比如武大郎、潘金莲、西门庆、王婆，还有出场就为了挨顿打的蒋门神。但是影响力最强的，还是刚才说的前四个人，因为他们都参与了一段流传千古的渔樵清话、风流案件。也因为这件案子，这四个人就成了四种人的代表。

先说武大郎。《水浒传》原文从头至尾没说他叫什么。大郎嘛，就是家里排行老大呗，也因为这个，武松被叫作二郎。《金瓶梅》里边提到武大郎叫武植，跟武松一样，名字里带一个"木"字。在书里边儿，武大爷的特点就是"矮丑穷"。当然，他还有另外一个人设，就是人丑心善、在婚姻中处于极其被动挨打局面的代表人物。

可网上还有一种言论，不认为武大爷是人丑心善，认为他也不是什么好人。总结出来就是两条：一个说他是贪慕虚荣，看弟弟成人物了，赶紧过来相认。——咱也不知道这说法是怎么来的，你跟你弟十年没见了，一见面不说话？假装不认识？闹不清人家怎么想的。另一个呢，说他是人口贩子。因为潘金莲原本是张大户家里的丫鬟，张大户对她有非分之想，潘金莲抵死不从，张大户一怒之下，把她卖给了全城最丑的男人，所以说潘金莲是他买回家的。——这跟刚才那个一样，都不是人话，站不住脚。

第一，亲兄弟相认，不管什么时间地点，那都是合情合理的。第二呢，潘金莲遭遇了一场惩罚式的婚姻也不假。《水浒传》原文写了，张大户倒赔房奁，不要武大一毛钱，白给他了！也就是说，武大郎倒是让天上掉的炊饼给砸到了，不是成心买媳妇儿，买他也买不起啊。所以网上这种言论，只能说值俩嘴巴儿。

再说说潘金莲。不管是《水浒传》还是《金瓶梅》，反正写的都是一个淫妇的形象。当然了，也有人替潘金莲叫屈。——这也很正常，有给武大郎翻案的，有给潘金莲翻案的，也有给西门庆翻案的……这都很正常，秦桧还有仨相好的呢。每个人站的角度、立场和当时的心情，都是不一样的。所以说，人嘴两扇皮，反正都是理，姑妄言之姑妄听之，很多事情，不要较真儿。

有人替潘金莲叫屈，说她抗争失败在前，婚姻不幸在后，最后被人利用、遗弃。这潘金莲，反正不知道怎么想的吧，反抗张大户，这还算是个英雄，但嫁给武大郎之后，她就没安分过。《水浒传》里边就明明白白写着，早在清河县的时候，潘金莲就偷汉子，原文说"这婆娘倒诸般好，为头的爱偷汉子"。看描写应该还不止一个，因为前面还有一句"清河县里有几个奸诈的浮浪子弟们，却来他家里薅恼"。

这"薅恼"大概就是骚扰，好几个这路货往家里闯，武大爷也没办法，只得搬家。所以她见到武松、见到西门庆之后的表现，纯属故态复萌，应该有点儿惯犯的意思，不是什么爱情。而且最后杀人害命，虽然说有被人教唆的意味，但犯罪事实清楚，没什么好辩论的。

接着说西门庆。"西门庆"这仨字儿，已经是花花公子、坏人的代名词了，很少有替西门庆申冤的。要是有人站出来说西门庆冤枉，我估计这主儿有可能也在看守所里待着呢。唯一的争议就是，他的武功到底有多高。有的评书艺人认为他的武功比武松要高，也有人说他是花拳绣腿，没有武松高。——让这两拨人找地儿喝点酒，最好菜里边盐多一点儿，咸（闲）得难受呢，就让他们自个儿争去吧！这个不在咱们的讨论范围之内。

最后还有一个著名的人物，就是王婆了。王婆已经成为教唆犯罪、挑拨夫妻关系、不安分守己的代表人物，也是整个案子里边最让人恨的人。不光大伙儿恨她，写书的人都恨她，不管是哪本书，她的下场都是最惨的，被千刀万剐。但是她身上也有一个争议，就是这件案子的始作俑者到底是西门先生，还是王妈妈？

咱们捋一捋案情。大伙儿也都知道过程，咱不用详细说，就几个重要的环节念叨一下。

起因是潘金莲关窗户的时候，顶窗户那棍儿掉下来了，碰巧砸到了路过这里的西门庆。西门庆一见，瞬间就不淡定了。正巧，王婆看到这一切，所以主动跟西门庆提出来要撮合他们两人。最终在她的安排下，两人勾搭成奸。这里要说一个细节，西门庆跟潘金莲两人坐那儿一块吃饭，假装掉筷子摸潘金莲的脚，潘金莲说了一句："官人休要罗唣！你有心，奴亦有意。你真个要勾搭我？"这句话说完了，大官人跪地求欢，两人这才成。这就说明潘金莲也不是从头到尾都是被动，反正到最后她多少也是主动的。

往下发展，就是两人天天见面，结果街坊邻居、亲朋好友都知道了，只有武大爷不知道。这时候，本案第五个关键人物出场了，这人叫乔郓哥，是一个十五六岁的苦孩子，卖水果的，结果让王婆给拦住了，连打带骂。郓哥气不过，一怒之下才把事情告诉了武大郎，并且用言语激武大郎去捉奸，还把人家后道儿堵死了，说这事儿啊，经官动府没有用！武大郎这才跟着他去捉奸。

武大郎到了以后，西门庆吓坏了，本家儿来了！潘金莲倒是非常冷静，出主意让西门庆用武力还击。西门庆冷静下来之后,这一脚踢下去,把武大郎踢得口吐鲜血。养病吧!

但就是在武大郎养病期间,潘金莲依旧没有收敛,每天还要跟西门庆私会。泥人还有土性儿呢,武大郎气恨难平啊,跟潘金莲说:等武松回来,跟你们算账。潘金莲吓坏了,把这事儿告诉了王婆。王婆出主意,建议把武大郎害死,并且把善后的工作都谋划了,比如说贿赂负责验尸的何九叔,这都是她提的醒。

武松回来以后,也察觉到哥哥死得不明不白,先后去找何九叔和乔郓哥了解情况。何九那儿咱不细说,单说乔郓哥那边。《水浒传》原文里写了乔郓哥的一个心理活动,就是在武松给了他五两银子以后,他暗自想:"这五两银子,如何不盘缠得三五个月?便陪侍他吃官司也不妨。"也就是说,他完全是因为钱才出的头。就这样,他还避重就轻,在给武松还原案情的时候,也没说自己激武大郎的那些个话。

最后,武松求告无门,自己动手杀了奸夫淫妇。这里要提一句的是,央视版《水浒传》电视剧演的是,王婆被武松吓得都招了,潘金莲是宁死不说话。小说原文正相反,潘金莲全撂了,王婆这玩意儿挺坚强,还埋怨潘金莲把自己连累了。后来又到了衙门里面,知县还算有点良心,判了王婆骑木驴，最后凌迟处死。

案子不用细说，反正吧，有些人对这件案子又有了全新的认识。第一，不存在潘金莲是受害者这么一说，从头至尾她没有被胁迫，都是自愿的。第二，王婆才是整件案子的始作俑者和操盘手。第三，乔郓哥并不是什么义气的孩子，并不值得怜悯。第四，西门庆虽然有钱有颜值，但是脑子不好使，贿赂何九的银子是他自己送去的，这才让何九起了疑心。而且他明知乔郓哥是知情人，《水浒传》原文从头至尾也没提过他去对乔郓哥做什么工作。当然了，《水浒传》里面写的这案子，到了《金瓶梅》里又是另一种情况了，咱们就不细说了。

案情梳理完了，我们做一个经常做的工作，就是问三个问题：这件事，是作者原创还是历史上确有其事？作者原创这个故事，有没有历史原型？最重要的，就是武大郎、潘金莲、西门庆这仨人，历史上有没有呢？

咱们分析这事儿。之前网上流传一个故事，说是在明朝，河北清河县有一个人叫武植，文武双全，乡里乡亲都管他叫"大郎"。少年的时候因为家境贫苦，所以常在一家染坊里打工。染坊的老板姓潘，以前还做过官，做过邯郸知府。因为看武植这孩子有出息,前程似锦,就经常资助他,甚至把自己的女儿也许配给了他。后来,武植中了进士,做了山东阳谷县的县令,一下子翻身了。本来日子挺好,没想到,半道出事儿了。

武植有个把兄弟,姓王,日子过得不好,想要投奔武县令,让他拉巴拉巴兄弟。一见面呢,没想到武植没有要帮助他的意思,这把兄弟小王就挺生气,在回家道儿上就给武植两口子造谣,说这两口子一文不值。可到家才发现,武植已经让人暗中帮他置下了田产,房子都翻盖了。但是说出去的话,泼出去的水,收不回来了,武大郎和潘金莲的名声已经坏了。后来据说施耐庵听说了这个故事,把它用在自己的小说里,这样,武大郎两口子彻底臭了。

后来据说,施耐庵先生的后人还亲自登门,拜访武家的后人,给武氏夫妻塑像道歉。

武植这个人,历史上还真有,在清河县的县志里面查得到。但是武植不可能是《水浒传》里边武大郎的原型,因为施耐庵大约死于洪武三年,也就是公元1370年,那一年明朝才开始办科举,武大郎中举那都是永乐年间的事儿了。也就是说,施耐庵到死都不知道世界上有武植这个人,至少清河县的这个武植他不知道。

那么说，武大郎就一定是施耐庵原创吗？这玩意儿就属于抬杠了，只能说，史书上没说武植有一个叫武松的兄弟。历史上倒真有叫武松的，是杭州的提辖，相当于杭州安全部队的负责人吧。这个人，刺杀过蔡京的儿子，杭州现在还有他的墓。所以说武松是宋朝人这没错，但他不能有个明朝的哥哥叫武植啊。既然兄弟关系可以原创，武大郎就更可以原创了。至于后边有施家的后人给武家人道歉，这咱们就管不了了。

还有这西门庆。西门庆在《水浒传》里边是个脑子不太灵活的主儿，但到了《金瓶梅》里可厉害，一般人玩儿不过他。有人猜过《金瓶梅》的作者，也就是署名"兰陵笑笑生"的那位，就是明朝的大文人王世贞。西门庆的原型，就应该是王世贞最恨的那个大奸臣严嵩的儿子严世藩。也有人说，西门庆就是武植当县令的那个阳谷县里一个浪荡公子。这一说法，咱们根据分析武植那儿的结论，也就能顺手给推翻了，不管当时阳谷县是不是真有一西门庆，最起码他不是施耐庵写的西门庆。

最有意思的是，武植这两口子的原籍没有争议，就是清河县。但是西门庆到底是哪儿的，据说好几个地儿都争起来了！山东的阳谷啊、临清啊，安徽的黄山啊，都站起来了，说是自己那儿的人,欢迎到西门庆故里来旅游参观!这个,咱也做不了主,咱也不知道也不敢问,反正谁有兴趣谁了解了解去。

# 大隋唐

我从小学相声、学评书,后来又唱戏,一路走下来呢,好多观众聊天儿都提到,觉得演员学问大,尤其是说书的,前三皇后五帝,谈古论今,什么都知道。——嗨,其实您不了解我们的工作特性,您甭看我们打从开天辟地能说到计划生育,把您说得一愣一愣的,我们这都是"记问之学",就是一辈辈口传心授下来的。

其实评书表演它是有统一的框架的,尤其是短打,在人物设计上各有不同。一般您看啊,每一个评书都有一个核心人物,我们叫"书胆";还有一个有点缺心眼儿的负责逗乐,我们叫"包袱点";还得有一个反面人物作为核心。

也不光是短打书,袍带书也如此。我说过《隋唐》,是个系列书,什么《九老兴隋》啊,《双鞭记》啊,《征东》

《征西》啊,都算这里边的。当然了,也没有人会演这么全。因为过去来说,都有几个把杆儿的活,就是比较拿手的、能卖钱的。过去先生说一套书,在地上、在茶馆干的时候一般是三个月,跟签合同似的:我在您这儿说仨月,仨月之后换个地儿,南城换北城了,所以一年有这么四个茶馆就说起来了。没有说得特别全的,说够仨月就得。

《隋唐》说到瓦岗的时候,书胆就是秦琼;包袱点那多了,齐国远、程咬金,都算;反面人物,就是宇文化及。除了宇文化及之外,还有一个被塑造成反派的就是越王杨素。

## 杨素

杨素这个人,在《隋唐》里边其实提到得不多,主要出场还都是在前面《九老兴隋》的时候,后边没他什么事儿了,但是故事里给他安排做坏事做了不少。书里面设定,他是隋文帝杨坚的亲兄弟,说杨坚是亲哥仨,他是老大,老二就是杨素,老三是靠山王杨林。有的版本呢,说杨林是老二,杨素是老三,这没什么区别,就看说书人怎么设计了。就这么一个王爷,给他设计得欺男霸女、无恶不作。听说他的兄弟杨林要入朝的时候,他怕自己的行为被杨林知道,提前就跑了。如果说,宇文化及更多地是在朝廷上干坏事儿,杨素就属于作风问题比较严重。那么,真正的历史是这个样子吗?

首先说,隋文帝杨坚不是哥仨,是哥五个。他确实是老大,老二是蔡王杨整,老三是滕王杨瓒,老四是道王杨嵩,老五是卫王杨爽,这哥几个还有一个大姐姐,安成长公主。里面既没有杨林,也没有杨素。

那么杨素究竟是不是杨坚的亲戚呢?这个倒是不假。他们都是弘农杨氏的后人,祖先都是东汉安帝朝的太尉杨震,但很难说杨素他是皇亲国戚。这么说有几点理由:一个是一直到他死,也没封王。你看杨坚的亲兄弟们都是王,他们家老二杨整、老四杨嵩都没活到大哥当皇上,都是追封的。杨素呢,在杨坚在位的时候是越国公,死之前不久,杨广封他为楚国公,离着王位还是有一步之遥,说明两家还是不够亲。

另据《隋书》记载,杨坚、杨素出道的时候是分别发展的,后来才到一起。史书原文是:"及高祖为丞相,素深自结纳。高祖甚器之,以素为汴州刺史。"就是说,杨素是在杨坚当上北周丞相之后,认为杨坚能成事儿,所以跑过去投靠,而杨坚是因为杨素的才华才重用他,两人没有论亲戚。没有说,一见面:

"哥哥!"

"兄弟!"

"挺好的?"

"好!"

"混得不错,给个官当吧?"

"行啊,来吧!"

——那不像话。除此之外,通过杨坚一朝其他大臣评价、议论杨素的语气可以判断,都是那种对同事的评价,没有对其皇室身份的敬畏。所以说,他们有亲戚关系没错,但是这种亲戚关系我觉得可以忽略不计,没有亲到那个程度。

说杨素跟隋朝皇室关系不近,还有一个理由,就是杨素的一切官职爵位,没有一点是靠裙带关系,完全是靠他自己的功劳得来的。历史上的杨素是一个文武双全的武将,大隋江山你要说有一半是人家杨素打下来的,那一点也不过分。

首先说,年轻的时候,他就辅佐当时的北周灭了北齐。后来,他跟晋王杨广、大将贺若弼一块儿灭掉了南陈。再往后,他平定了泉州人王国庆的叛乱。开皇十九年,又率兵大破突厥,重伤了他们那边的头儿——达头可汗。开皇二十年,他又和晋王杨广合击来犯的步迦可汗。反正是战功卓著吧。《隋书》记载了杨坚对杨素的一段评论:"越国公素,志度恢弘,机鉴明远,怀佐时之略,包经国之才。"杨广对他也有评价,说他:"汴部郑州,风卷秋箨,荆南塞北,若火燎原,早建殊勋,夙著诚节。"就是把他的功劳概括了一下,说他打仗跟秋风扫落叶一样,没有不成的。

除了战功,杨素还能治国,还有文采。杨坚说他:"自居端揆,参赞机衡,当朝正色,直言无隐。论文则词藻纵横,语武则权奇间出。"翻译过来就是说,杨素自打当了宰相之后,处理国家大事得心应手。为人还正直,有什么说什么。写文章辞藻华丽,打仗出计谋,"看我七十二变",很厉害!

而且这杨素还特别会写诗。他有一首诗很有名,叫《赠薛播州》,是思念他的好朋友薛道衡的。薛道衡那是被称为隋朝诗歌艺术成就最高的人!与虎同眠,焉有善兽?杨素能跟这样的人成为朋友,那错不了。这首诗还留下来了:"北风吹故林,秋声不可听。雁飞穷海寒,鹤唳霜皋净。含毫心未传,闻音路犹夐。惟有孤城月,徘徊独临映。吊影余自怜,安知我疲病。"这首诗一问世就被广为传唱。《隋书·杨素传》记载:"词气宏拔,风韵秀上,亦为一时盛作。"

这么说,这人很厉害呀,文韬武略,方方面面都很好,怎么让小说家就传成了那样呢?咱们先举一个例子,你看杨素带兵怎么带。不管人家那边出多少人,他先派出一二百个兵,跟人家玩命。赢了呢?赢了就赢了。输了呢?一个不剩,全宰!要是打仗的过程中有人投降了,这几百人的下场也一样,谁也活不成。要这么一说,杨素这脾气,也实在不是人脾气。

唐朝宰相魏征不就说他吗:"杨素少而轻侠,倜傥不羁,兼文武之资,包英奇之略,志怀远大,以功名自许。"什么意思呢?就是说这个人文武双全、目空一切,这点倒有点像《隋唐演义》里面的靠山王杨林。杨林那是虚构的,他的人设就是自负,喜欢谁谁就得好,讨厌谁谁就得死。有人说,杨林的人物原型是卫王杨爽,其实我倒觉得应该是杨素。

政治上,杨素祸害人还是挺有名的。为了辅佐杨广,他陷害了杨广的亲弟弟蜀王杨秀;因为贺若弼这些个老将经常不买他的账,他平时没事儿就恶语中伤;那些个在他面前溜须拍马的,不管有没有才华,都被他提拔了。但这些,相比较来说还是小问题,他办的最胆大妄为的事情,是在他得知自己和太子杨广私下结党的事情被杨坚知道时,立即假传圣旨,包围了皇宫,命令自己的心腹看住重病的隋文帝。而且当天晚上,隋文帝就死了。这里面到底发生了些什么,咱们不得而知，但是这项罪名杨素是躲不开的。

但是咱们要清楚啊，不管是忠是奸，他绝不是小说里面写的那样，一听厉害的来了就跑，他没有。咱们再补充一点史料。杨素重病期间，杨广天天派人来看，明着是过问他的病情，实际上盼着他早死。杨素混官场那么多年了，能看不出来吗？所以他果断放弃治疗，坦然赴死，省得儿孙受自己的连累。就这气度，也是够瞧的。

## 李道宗

说完杨素，咱们再说一个和他隔的时间不太远的。在《隋唐演义》后面有一套书，叫《薛仁贵征东》，里面有一个大反派——江夏王李道宗。

李道宗有个老丈人，叫张士贵。张士贵出于自己的目的，几次三番加害薛仁贵，为国挡贤。事败之后，不但不思悔改，反而杀向了长安，打算谋反，最终让薛仁贵给灭了。

李道宗也因为这个恨上了薛仁贵，想了一主意，利用自己的女儿给薛仁贵栽赃。先请薛仁贵进王府喝酒，酒里边下了药，麻倒薛仁贵之后，把人家的衣服脱了，扔到自己女儿的房中，打算第二天再来抓薛仁贵一个现行，诬陷他酒后失德、调戏郡主。他女儿见状呢,一是为了自己的名节,二是为了保护忠良,一咬牙,自杀了!第二天,李道宗发现女儿死了,就诬陷薛仁贵杀了自己的女儿。皇帝听说之后,很生气啊,就把薛仁贵打进死牢。后来朝中的大臣出面调查,薛仁贵沉冤昭雪,李道宗反而因此获罪,被判圈禁在家。

这是小说家之言,历史上没那么回事儿。慢说李道宗,先提他那老丈人张士贵,这个人,可以说被黑得比李道宗还惨。

历史上的张士贵是唐朝的老臣了,李渊起兵的时候就跟着老李家一块儿混,并且在李世民的帐下屡立战功。《旧唐书·太宗本纪》记载,玄武门之变的时候,张士贵一直就跟在李世民的身边。政变之后,执掌禁卫军,可以说是心腹大将,死的时候还陪葬在昭陵。您说,谋反的人能有这个待遇吗?谋反了还埋皇上身边,怕皇上在地底下闷得慌是怎么的?

另据《旧唐书·薛仁贵传》记载,薛仁贵主动投靠到他门下之后,张士贵对薛仁贵是大胆使用、尽力提拔,后来干脆,薛仁贵替代他接掌了禁卫军。并没有一点张士贵陷害薛仁贵的记载。所以,李道宗根本不可能为了他去陷害薛仁贵,也没记载说李道宗娶过张士贵的女儿。

至于李道宗,那就更了不得了。他不是评书里面的那种太平王爷,是真正上过战场的。据《旧唐书》记载,他跟唐朝宗室的关系,可比杨素跟隋朝皇室的关系近。他的爷爷叫李璋,和唐太祖李渊的父亲李昞是亲哥们,等于说,他是李渊的堂侄,和李世民是叔伯兄弟。李渊登基的时候,还追封了李道宗的父亲李韶为东平王。

李道宗在武德五年带兵收复五原,也就是今天的陕西定边,并且一鼓作气,为大唐开疆扩土一千多里。贞观三年参与反击突厥。第二年,俘虏突厥颉利可汗,还收降了突厥的苏尼失部。贞观八年,率兵参与征讨吐谷浑。一开始吐谷浑闻风而逃,这个时候,很多将领就主张班师回朝,李道宗坚持追击,并且亲率本部兵马第一个追了上去,战功卓著。贞观十一年,李道宗被封为江夏郡王。贞观十八年,追随李世民征讨高丽。贞观二十年,击破薛延陀。反正他这一辈子就是戎马倥偬。

除了军事成就,有一项外交成就也跟他有关。大家都知道文成公主吧?您看历史上那么些个和亲的公主,就数文成公主最有名。这文成公主不是李世民的女儿,她父亲是谁,史书上没说,但是负责送文成公主入藏的,就是江夏王李道宗。所以有人据此判断,文成公主可能是李道宗的女儿。如果是真的，李道宗那是功在千秋——当然现在功劳也不小。

咱们再说一个，李道宗"疑似"在文学上的成就。据说，李道宗写过一副对联："深山窈窕，水流花发泄天机，未许野人问渡；远树苍凉，云起鹤翔含妙理，惟偕骚客搜奇。"被认为是影响了对联发展的重要文学作品。这副对联，现在还挂在武汉灵泉寺，据记载是他专为灵泉寺题写的。但是灵泉寺建于唐天宝八年（749），李道宗死在永徽四年（653），所以这是个谜，对不上榫儿！不过既然有这个说法，想必历史上李道宗的文化功底还是不错的。

李道宗的结局呢，这一点跟评书的结局有点像。不过不是因为陷害薛仁贵，是因为李道宗跟长孙无忌、褚遂良属于政治上的不同派别，遭到敌视。永徽四年，驸马房遗爱、高阳公主谋反之事败露。这两口子，加上参与谋反的荆王李元景、大将薛万彻，反正都被弄死了，向来跟长孙无忌不对付的吴王李恪、江夏王李道宗也跟着吃瓜落儿了。李恪被人吊死，李道宗流放象州，就是今天的广西柳州，道儿上就死了。

# 罗士信

凡是涉及历史题材的传统小说，总会有一个排行榜。您比如《封神演义》里边有"封神榜"，《隋唐演义》里边有"四猛四绝十三杰"，《水浒传》里边有一百单八将排座次，《红楼梦》有"金陵十二钗"。

咱们要说的这个罗士信，常听评书的都知道，列在《隋唐演义》的排行榜上，属于四猛之一，而且还排在头一位。

罗士信，在《隋唐演义》里面是个很突出的人物，出场就让人眼前一亮。这人的长相啊，跟一座黑铁塔似的，高大魁梧。一个人能把打架的两头牛给分开，还有一双飞毛腿，跑得跟马一样快。有的版本还说他能打飞石、会暗器。但是呢有一个缺点：缺心眼儿，智商不高。可也就是他这种憨憨傻傻的状态，让人觉得很可爱。

有朋友问了，历史上真有这样一个人吗？嗨，这玩意儿您别往心里去。您比如罗士信，在各种关于隋唐的评书里边，出场的状态也都不一样。每一位说书的先生，他所说的《隋唐》都是他独家的《隋唐》。有的说书先生把罗士信跟罗成说成是一个人，说他是小白脸儿；有的先生呢，说罗士信就是个傻子。根据不同先生的不同需求，他会有不同的设计,所以您不用太往心里去,非把历史跟评书往一块儿扭,您还上班不上班?还干点儿别的不干?

抛开这些不提,咱们光说历史上,确实有一位叫罗士信的勇将。不过这位呢,不傻!有勇有谋,忠义无双,而且有的时候还有点儿阴损毒辣。说起这个,《隋唐演义》里另一个少年英雄罗成,就非常符合这一点。罗成漂亮啊,小水灵儿,现在说就叫"鲜肉",能耐也大,排在十三杰第七位。可就是心眼儿歹毒,对谁都能下毒手。所以有人就认为,《隋唐演义》里的罗士信和罗成的历史原型,都是历史上的罗士信本人。

历史上的罗士信是隋末齐州历城人。历城,听《隋唐》的没有不知道的。他跟秦琼是老乡,山东济南府历城县人。这个人十四岁那年就上战场了,少年得志。

说起他的年龄,不论是《旧唐书》《新唐书》还是《资治通鉴》,都说他第一次上战场是十四岁,那是公元613年。他死的时候,三本书说的也一样,是公元622年,所以他享年应该是二十三岁。可《旧唐书》非说他死的时候是二十岁,《新唐书》说他死的时候是二十八,咱也不知道古人这个账是怎么算的。反正不管怎么说,罗士信在历史上留下来的人设是一个少年英雄。

公元613年,山东一带有农民因为受不了隋朝的苛政,起兵造反。在统治阶级的眼里边这就属于反贼啊,不能坐视不管。当时山东的军事长官叫张须陀,要派兵镇压,罗士信那个时候就在他的手下。年轻人嘛,总是一腔热血,他就跟张须陀说自己要上战场、平叛乱。张须陀不让他去,说:你太小,人都没发育全呢,上战场送人头吗?《旧唐书》的原文是:"汝形容未胜衣甲,何可入阵!"就是说你这样啊,连盔甲都撑不起来,哪能去打仗?

所以说还是个孩子。可你别看他人小,脾气不小,一听张须陀说这话,二话不说就穿上了两层的甲胄,带上两个箭壶,骑上马,找起义军打仗去了。——穿了两层甲胄,这说明两点:第一,他很聪明,先把自己弄得安全一点;第二呢,这孩子可能确实是单薄,一套铠甲他挑不起来。

反正这孩子不好弄。哎哟,一上战场,了不得了。没等战斗队伍列好,他抄家伙就蹿出去了。据我个人推测,他身上最少三样兵器,一个是前面说的弓箭,一个是枪,还有一个应该是剑或者是刀。

一进敌阵,就捅了好几个,又把一个敌人的脑袋给砍下来了。——一个十四岁的孩子,第一次上战场,就拿人命不当回事,一下子就把敌人吓傻了。张须陀在后边一看,来精神了,下令人马往前冲!当时是大获全胜。张须陀很开心呐,这才知道自己手下还有这么一个小宝贝疙瘩。

为什么说罗士信上战场用了三样兵器呢?您看,捅人用枪,砍人头呢就是用刀或者剑。这就跟《三国演义》里的赵云似的,一手枪,一手剑。再加上弓箭,所以是三样兵器。这也说明罗士信战斗的技术全面。

他作战的特点是出手果断、杀伐骁勇,还有一个特点,就是心狠手辣。怎么看出来的呢?太血腥的咱不说,咱们说一个他指挥打仗时候的表现。

公元616年,罗士信的老领导张须陀战死。到了619年,他就投靠了大唐。第二年,他就参加了消灭王世充的战斗。提起这个王世充呢,反正《隋唐演义》里面这是个地道的小人,专门靠算计人活着。历史上,这个人虽说不至于那么次吧,但也好不到哪儿去。

公元620年,罗士信率兵攻打王世充的要塞千金堡。本来按照罗士信的意思应该是让千金堡的守军投降,没想到这帮人骨头挺硬,不但不投降,还在城头上大骂罗士信,骂得挺难听。罗士信呢,想出一个主意,让人连夜带着几十个婴儿在千金堡的外边哭,一边哭呢一边冲堡里面喊:"行行好吧,开开门吧,我们是洛阳来的,投靠罗士信的。"里面的人当然不会开门了,但是得听着啊,听外边儿说什么。一会儿,听见外边有人聊天:"咱们可能找错了,这儿是千金堡,咱们跑吧。"说完,这帮人就跑了。

外边的这一跑,里边的就开始胡琢磨了:"你刚才听见了吗,这帮人都带着孩子,肯定是老百姓,都是找罗士信的,看意思是没找着。可罗士信的大营不就在我们附近吗?难道说罗士信已经撤兵了?要是这样,那这帮人咱们就得追回来。"追吧!打开门,千金堡的守军就冲了出来,追那帮"老百姓"去了。《资治通鉴》的记载是:"堡中以为士信已去,来者洛阳亡人,出兵追之。"

反正是追出去了,追出去就上当了,半道上让罗士信事先埋伏好的部队给消灭了,然后一鼓作气攻破了千金堡。攻破之后,怎么办呢?史书上记载了两个字:"屠之。"屠城啊!谁让你骂我的?罗士信就把一个堡的人都给杀了。那年他才二十一岁,下手狠呐,而且你看他那个主意多损,让人抱着孩子哭!咱也不知道这孩子哪儿弄来的。

当然了,金无足赤,人无完人。战乱的年代,一个在战场上玩命的将军,你让他处处讲人道、讲道德规范,那不可能,还干活不干活了?有道是"慈不掌兵",带兵打仗的,就得狠一点儿。当然了,你带兵太狠,手底下人就不跟着你了,这一点在罗士信的身上体现得特别充分。

每回罗士信打完仗,缴获的战利品他都给手底下有功劳的人分一分。要是战利品不够的话,他拿自己的东西给人家。所以一打起仗来,手底下的士兵跟他一样,都玩儿命。但是,他执法很严,就算跟自己有亲戚、有交情,出了事儿也是一罚到底,弄得手底下的人很怕他。不过从这一点看得出来,他也算是挺耿直的。

还有一件事,也能体现这一点。在归降大唐之前,罗士信有一段时间是在王世充的手底下。那怎么后来,他又投靠了大唐去打王世充呢?

关于这个问题,小说《隋唐演义》里写得挺精彩。说是秦琼、程咬金、罗成(也就是罗士信的另一个文学形象),一起投靠王世充。王世充呢,给他仨盖了一座"三贤府"。后来秦琼、程咬金投靠了大唐,罗成因为生病,没有跟着一块儿去,之后两军交手,罗成阵前倒戈,投靠了唐朝。京剧里边有一段《锁五龙》,说的也是这件事。艺术就是艺术,它不是历史,不过历史上罗士信舍弃王世充投靠大唐,比小说更精彩。

一开始,王世充对罗士信非常好,比小说写的还好,两人好得都不行了,同吃同睡。再后来呢,经过一段时间的发展,王世充手底下的人多了,对罗士信就不那么好了。当然了,要是光因为这个,罗士信也不能做得这么绝,后来有件事成了导火索。罗士信有一匹好马,让王世充的侄子看上了。老话说君子不夺人之美啊,没想到王世充这个侄子呢,不是君子,脸皮厚,伸手就找人家要。

这就是不会做人了。说到这儿,我就想起有一年我们一个演出方来了。是在青岛演出的时候,于谦老师在后台揉着核桃。您看这个梨园行啊或者曲艺界的人啊,都爱玩这核桃,不是说外面兴起来盘手串了我们才爱,我们这是有传统的,一直就玩儿着。于老师手里拿着俩核桃,跟那儿盘。这俩核桃还不错,样也挺好,个头也够大,而且是刚买来的,还挺爱,那会儿核桃还便宜,好多年前了。于老师坐在后台盘着核桃,青岛有个演出方的人,就一直坐在那儿看,聊天、说闲话也是心不在焉,老盯着于老师手里这对核桃,看得出来很爱。到最后,凑到跟前儿了:"于老师,您这核桃可真不错,您多少钱买的呀?"于老师说:"嗨,卖核桃的也是朋友,也没多少钱,才五百八十块钱买的这对核桃。""噢,太好了。"这主儿一龇牙花子,"我很爱这对核桃。我不能让您吃亏,我给您六百,您把它卖给我吧!"这一后台的人都快气死了!怎么呢?君子不夺他人之爱,这是其一。其二,人家五百八买的,您给人六百,让于老师挣二十块钱?通过一个事儿,你就能看出人性。

王世充这侄子也是如此,就要这匹马。罗士信肯定不给啊,大将最爱马了,结果这侄子呢找他叔叔去了。你要换了我遇到这种事情,我就得教育自个儿家孩子,你哪能这么没羞没臊呢!是不是?没想到王世充呢,比他侄子还混蛋,愣把这匹马抢过去了,给侄子。通过这件事情,罗士信算是看透王世充了,这人成不了大事,这才投奔大唐。

看似一件小事,也说明罗士信的性格就是眼里不容沙子,这也是为什么他打王世充的时候下手狠。要知道,《新唐书》是把他放在"忠义篇"里面来说的,也就是说,写历史的人认为这个人的综合形象是忠义的。按照咱们前边儿所说的来讲,并且用古人的价值观去分析,他也对得起"忠义"二字。除此之外,最能证明罗士信这个人忠义的事情,就是他的死,很悲壮。

公元622年,唐军征讨刘黑闼。唐军这边的最高军事长官就是后来的贞观天子李世民,罗士信也在作战部队之中。

刘黑闼这个人,有能耐,是隋朝末年少数能跟唐朝这边掰掰腕子的人物。一瞧，怎么的，大唐打过来了？他没有一味地被动防守，而是看准了机会，主动出击。当时他手里头有一座城市叫洺州，就是今天的河北省的曲周县。洺州先是被唐军攻破了，后来刘黑闼得着一个信儿，说洺州城里有人要跟他里应外合，于是刘黑闼又杀了回去。由于这次他指挥得当，洺州城变得岌岌可危，李世民先后派了三次援兵都没能接近城池。就在这个时候，罗士信挺身而出。

他先是带领二百人马把洺州城里的部队给换了出来，然后严防死守，抵抗刘黑闼的进攻。然而他带进去的只有二百人啊，当时还下着大雪，援兵打不进来，里无粮草，外无救兵，最后他兵败被俘。刘黑闼知道他是猛将啊，有意招降，但罗士信始终不肯低头，于是被刘黑闼所杀。

消息传来："罗士信将军战死！"把李世民心疼坏了，花重金把尸身给买回来，然后厚葬。说起埋他的这个地儿，更让人感动。他以前有个恩人叫裴仁基，因为刺杀王世充失败而被杀。打败王世充之后，他把恩人的尸首安葬好，并且跟别人说："我死以后，也埋这儿。"最后真的如他所愿。

罗士信这辈子太短暂，但是也太精彩。首先说，他屡立战功，二十岁出头就被封为公爵。熟悉历史的各位都知道，李世民登基以后,把他最倚重的功臣画成图像挂在凌烟阁,史称"凌烟阁二十四功臣"。有人说,他要是活到大唐统一、李世民即位,也许能名标凌烟阁。其次,这个人忠正耿直,爱憎分明,在我们今天看来,这是一个正义、可爱的小直男。这孩子年轻,但胸怀韬略,懂得活学活用。他让婴儿去哭城,就是历史上"四面楚歌"的一个变形。

正是因为这样一个生动鲜明、特点多样、有血有肉的历史名将,才能让后世文学家能因为他创作出两个性格和外形完全相反的艺术形象。这个很正常,您比如京剧舞台上,罗成、罗士信就是一个人:姓罗名成,字士信。评书里边呢,又有好几种说法,每一个说书艺人的理解都不一样,只是借的罗士信这个名字。所以您听书就是听书,看戏就是看戏,翻历史就是翻历史,别把它们搅和在一块儿跟自己较真。

一部《大隋唐》,把历史上多少功臣名将都给颠覆了,史学家的笔,它比不了说书人的嘴啊!

## 《狄公案》

这真实历史上的断案啊,压根就不是我们心目中想象的那回事儿!断案手法尤其简单,一半靠天定,一半靠直觉,总之不怎么靠谱。甚至就连那鼎鼎大名的包青天,写出了《洗冤集录》的宋慈,连带着电影、电视剧里传得跟神仙似的狄仁杰,那都有注水作假的嫌疑。

有朋友问了,真实历史上的神探啊名捕啊,业务水平真就这么低吗?您看电影、电视剧里的狄仁杰,不仅能断案、会推理,还武功卓越,击退了反唐的叛党逆贼。这些事迹难道都是假的吗?

咱们都知道,狄仁杰的形象演变到今天,时而运筹帷幄、不苟言笑,时而英姿飒爽、武功高强,每个人心里都有一个自己版本的狄仁杰。但是不管哪一种版本,都有一个相同的标签，那就是神探。据说狄仁杰断过的案子，没有一万也有八千。然而可惜的是什么呢？家喻户晓的狄仁杰被传颂了一千多年的神探人设，可能跟您想的不太一样。

狄仁杰之所以被打造成了传奇神探，这一切还要归功于二战时期的一个外国人。有人说，这都不挨着呀？狄仁杰是唐朝人，怎么跟20世纪的外国人能扯上关系呢？这个外国人啊，是个铁杆的探案迷，而且是个非常有名的汉学家，他就是当年驻重庆的荷兰外交官高罗佩。他也不知道从哪儿弄了本中国古典小说《狄公案》，哎哟，看得如痴如醉，挑灯夜读。也许是他的个人兴趣吧，也许是为了跟谁讨论剧情吧，反正一咬牙一跺脚，他花费了十五年的时间，把《狄公案》翻译成了英语。翻着翻着，哎哟过瘾，写得绘声绘色，情节曲折离奇，他还杜撰出了更多的新故事，结果一套名为《大唐狄公案》的英文侦探小说，打这儿起响彻海内外。"狄法官（Judge Dee）"的名字，就成了中国神探的代名词。

到这儿您算是看明白了，敢情狄仁杰断案传奇尽是编的呀？其实历史上真实的狄仁杰，也许是个义士，也许是个神医，也许是光复大唐的能臣，但他从来就不是什么神探。

那么历史上的狄仁杰，为什么会被我们误会，拿他当成福尔摩斯了呢？这其实是有原因的。史书记载，狄仁杰曾任大理寺丞。大理寺丞是个什么职位呢？现在说就好比是最高法院的一个庭长。但无论是从《新唐书》还是《旧唐书》中来看，想要查关于狄仁杰断案的真实记载，难上加难，因为记载的篇幅太少了，就那么几笔。几乎所有关于狄仁杰断案神奇的记录，都集中在了一句话上，《旧唐书》记载："仁杰，仪凤中为大理丞，周岁断滞狱一万七千人，无冤诉者。"什么意思呢？到大理寺做官的狄仁杰，用了一年的时间，加班加点儿审结了共涉及一万七千人的案子！大理寺的陈年旧案他都给审了，而且审完之后，没有人喊冤说不公。

这可了不得了！一年结了几千个案子，涉及上万人，恐怕拿个吉尼斯世界纪录都不为过。可要真是那样，狄仁杰会只是一个小小的大理寺丞吗？其实那些个案子，很多尽是寡妇改嫁啊、老王家牛让偷了、老李的鞋不见了这一类的民事纠纷。正因为这些案件又杂又小，没人管理，慢慢地就积攒成了陈年的卷宗。狄仁杰的职责也就是审一审卷宗，什么调查取证、抓捕犯罪嫌疑人，这些个流程都是刑部的职能，狄仁杰他不管。当然啦，职责不一样，他想管也管不了。换在今天，法院的厅长也不会去现场勘探、采集证据，是不是？

也许《旧唐书》想要宣扬的，并不是狄仁杰的刑侦能力如何,而是他为人刚正、办事利索的态度。可能也是这个原因吧,狄仁杰的形象给了当时的人们遐想的空间,成了古代小说创作的原型。像唐朝的小说《大唐新语》《松窗杂录》《广异记》,五代的志怪小说《玉堂闲话》,包括着重描写狄仁杰探案的《武则天四大奇案》,也就是前面所提到的《狄公案》,都从各个方面丰满了狄仁杰的文学形象。

这些虚构的断案故事越说越神,越传越广,以至于大家所熟悉的真实的狄仁杰,早已不是那个大理寺当值的小公务员。那么褪去判官身份的外衣,真实的狄仁杰是什么样的呢?

或许您想不到,真实的狄仁杰他或许不是神探,却有一个同样传奇的身份——大唐名医!是个著名的大夫。

据《古今医统大全》和《名医类案》记载,狄仁杰的医术是可以和药王孙思邈相提并论的。您没听错,就是那个写了《千金要方》、据说活了一百四十一岁的养生达人、药王爷孙思邈。他跟狄仁杰在医学界排在同一列!您就知道狄仁杰的医术那不是闹着玩儿,不是票友。

《古今医统大全》里就讲述了狄仁杰行医救人的故事。狄仁杰赶赴京城,路上碰见一富家子弟的孩子,鼻子下面长一大瘤子，这瘤子据说有拳头那么大！孩子的父亲心急如焚呐，眼瞅着孩子不行了，奄奄一息，狄仁杰打这儿路过了："没事，我能治。"只见他取出一根针来，打孩子脖子后头扎进去、运针，拔针的瞬间，他的左手在瘤子根部那儿怎么一弄，瘤子就掉下来了。哎哟，儿子治好了，这富人家高兴坏了，愿意多给钱、多给礼物相赠，但人家狄仁杰没要，拂拂袖走了，不问名和利。

除了医术好之外，狄仁杰还是一位有名的地方长官。从政几十年，做过汴州刺史的行政文秘、大理寺丞、豫州刺史、洛州司马，所到之处，百姓人人称赞，领导也寄予厚望。很快，这名声就传到了唐高宗和当时的皇后武则天那儿。直到天授二年（691）九月，狄仁杰在基层奋斗了三十多年，终于开始了他的第一次宰相生涯。这一年他六十二岁。

这个时候，武则天已经掌握了朝政大权，并且把俩儿子都踢走了，自己当了女皇帝。封建时代，一个女人当皇帝，那还了得吗？前无古人后无来者啊，朝堂上的官员能答应吗？不答应好办，杀呗！所以武则天对大臣是出了名的不留情，在位期间杀掉了十四个、流放了九个宰相。伴君如伴虎，说的就是武则天。但有一个人例外，在武则天当政的这些年，除了武家人做宰相外，剩下的能深得武则天信任的宰相，只有狄仁杰。

可老话儿说得好啊，既在江边站，就有跳河的心！常在河边走，哪有不湿鞋？天授三年一月，一天早上，大臣们上朝，一瞧，坏了！当朝一共六位宰相，除了三位武家的人，另外三位全被抓起来了，犯的还是掉脑袋的大罪：谋反！这三位宰相当中，就包括狄仁杰。

狄仁杰这几个人啊，反对武则天立自己的侄子武承嗣为太子，那这武家人可生气啊，展开了迫害，一心想把狄仁杰弄死。武承嗣伙同来俊臣，用谋反的罪名诬陷狄仁杰。这来俊臣可不是一般人物，他是成语"请君入瓮"的缔造者，就是通过这一招坑死了同事周兴。进了他的衙门，都是竖着进去、横着出来。

面对这样一个不好惹的人物，狄仁杰干了一件事，这事连来俊臣都没想到。一上堂，准备动刑，狄仁杰乐了：别打别打，有话好说，我承认谋反！《旧唐书·狄仁杰传》关于这件事情有记载，他当时回答来俊臣说："大周革命，万物唯新，唐朝旧臣，甘从诛戮。反是实！"我狄仁杰确实反了，我们是唐朝的旧臣，大周革新，革的就是我们这些人的命啊。

按理说，谋反罪名成立，接下来等待狄仁杰的不会是什么好结果。来俊臣也没想到,狄仁杰居然会这么痛快,很配合,可见他是个软骨头,也就放松了警惕,没有时时刻刻地盯着他了。然而来俊臣万没想到啊,狄仁杰在头巾上写了申冤状,藏在棉服的夹层里,偷偷地哄骗狱官转交给家人。几经辗转,这衣服就递出去了,传到狄仁杰的儿子狄光远的手里。赶紧地,拿着东西上奏武则天,申冤!这下来俊臣可慌了,要知道狄仁杰未下狱之前,深得武则天宠信,你万一这边没关几天,那边武则天后悔了,麻烦就大了。赶忙令人伪造了一份狄仁杰的谢死表,交给武则天。

据《资治通鉴》记载,武则天接到谢死表后发现一个端倪,怀疑有问题,很快召见了狄仁杰,问:"你怎么承认谋反了,是不是真有这事儿?你看我把国家大事都交给你了,对你也不薄,你怎么能谋反呢?"狄仁杰这儿一边磕头一边说:"臣没有谋反。我要是不承认,早就死在他们的酷刑之下了。谢死表也不是我写的。"

武则天虽说残暴吧,但她不傻呀,知道来俊臣这帮人不是善茬,之所以一直没动他们,只不过是想借这些酷吏的手铲除异己。在分析了狄仁杰确无反意之后,武则天免了他的死罪,贬去做了彭泽县令。

要说当时的大唐，哦不，严格来说是当时的武周，女皇武则天在位，想要取唐而代之，那是一个非常敏感的时期。纵观武则天的一生，她在感业寺出家做过尼姑，在废王立武中挺过宫斗大戏，人生大落大起后荣登皇座，身边其实也没有什么值得信任的人，但只有狄仁杰是个例外。

神功元年（697）十月，武则天把狄仁杰召回了朝廷，恢复了他宰相的职务，成为辅佐武则天掌握国家大权的左右手。虽然这次再登相位后又立了不少功劳，但有这么一句话：跟他那句延续了两百年大唐基业的金言妙句相比，再大的功劳也不足为奇！

他说了什么话，能有这么大的功劳？列位，当时的武则天已经是七十多岁的老妇人了，皇位继承人的难题摆在她的面前，比什么都重要。如果传位给自己的儿子，等同于让大唐复辟，又转回去了！那传位给武氏家族的人可不可以呢？比如让武家的侄子来当皇储？事实上，不行。

她特别清楚，武氏家族没有人有她这样的能力，可以维持大周的皇位。传给武家人，就是坐等着自己死后国家内乱。那传给儿子李显怎么样呢？又有点不甘心——这叫捆着发木、吊着发麻，左也不是、右也不是。身边呢，也没有这么一个可以推心置腹的人了，唯一值得相信的，就是狄仁杰。

一聊:"你说,怎么办?"狄仁杰说了:"姑侄之间,固然亲近,但和母子情比起来,恐怕还是要疏远一些。陛下为何宁可相信侄子,也不愿相信自己的儿子呢?"

这一席话,击中了武则天心里的最后一道防线。思虑再三,最终决定召回李显。不久之后,赶上突厥大举入侵,为了替儿子号召人心,为他铺平登基的道路,武则天先是把李显立为太子,又让他出任河北抗击突厥的大元帅。至此,李家后人继任大唐国君算是板上钉钉,狄仁杰的复唐计划终于成功了!

公元700年,狄仁杰去世,武则天大呼:"朝堂空也!"下令退朝,以寄哀思。朝堂上不是空了,是朝堂上没有能人了。

纵观狄仁杰的一生,虽然心向大唐,但他没有辜负武则天对他的信任,从来都是兢兢业业,举贤不避亲仇。真实的狄仁杰,远不像影视剧里的那样会刑侦、会推理、会破案,但是呢,他凭借自己的个人魅力,活跃在近千年的文学作品和影视剧中,被大伙儿称为神探。反正这样的误会,有几个也挺好。

我印象很深,哪怕在传统戏曲里边,有关狄仁杰的戏也很多。当年评剧里最出名的一出戏叫《马寡妇开店》,说狄仁杰赶考,夜宿在马寡妇店中。马寡妇半夜敲门,打算跟他私会,他没有答应。天上呢,据说有神仙还看着呢,本来当年的状元据说不是他,但一看他正直,给换了。这是民间老百姓一个美好的愿望。有机会,各位可以听听我们的传统戏曲,了解一个不一样的狄仁杰。

# 女刺客列传

说到刺客,最著名的就是荆轲了。荆轲刺秦的故事,基本上是个中国人就耳熟能详,不过这里有个小小的误区。您跟人一聊天儿:知道荆轲刺秦吗?基本回答都是:知道啊。您再问:刺了谁啊?都说:秦始皇啊。——这话,也对也不对。荆轲刺的是秦王,虽然他后来做了始皇帝,但在被刺杀的时候,他只是秦国的王,是一路诸侯,不是皇帝。

事实上,中国有很多关于刺客的记载,著名史学家司马迁曾经为曹沫、专诸、豫让、荆轲、高渐离五位刺客立传,合称《刺客列传》。在这篇传记的最后,司马迁给予这几位很高的评价,称赞他们"不欺其志,名垂后世"。但有人注意到,荆轲死了之后,好像男刺客就绝种了,之后的历史里再也没有男刺客的记载,倒是女刺客在各种传说、野史里越来越多。而且,比男刺客厉害的地方在于,女刺客竟然敢刺杀皇帝——你说你宰个财主,这不叫事儿,人家杀皇帝!其中最著名的叫吕四娘,她著名的原因也简单,传说她是唯一一个刺杀皇帝,并且成功的!

刺杀哪个皇帝呢?民间传说,就是雍正皇帝。

关于雍正帝的死因有多个版本。《清实录》《东华录》及《起居注册》等官方记录都说雍正是因病去世。从八月二十一日"不豫",身体不适,到二十三日子时"龙驭上宾",骑着龙上天、为天帝之宾,说白了就是死了。但民间传说不管这一套,纷纷说雍正是被侠女吕四娘刺杀身亡的。

吕四娘为什么刺杀雍正呢?为了报仇。她这仇报得……比较荒诞。怎么回事呢?我跟您细说。

雍正五年,有个湖南人叫曾静,这人想干吗呢?想反清复明。其实这也没什么,那时候想反清复明的多了,挺时髦。但是这曾静和别人反清复明不一样,别人什么划地为王啊,暗杀官员啊,曾静没有,他觉得这么干太累,也危险,想了一好主意——策反官军。他派了自己一个学生叫张熙,去策反川陕总督岳钟琪。这岳钟琪是岳飞的后人,曾静就单方面认为岳钟琪会帮自己,让徒弟过去历数雍正帝十大恶行,劝他举兵反清。

岳钟琪又不傻，听完心说：好家伙，你们这脑洞真大，想法清奇，我得跟皇上商量商量。这事儿报告给雍正皇帝，雍正一听：我的天爷呀，抓！审！谁教的？

这曾静就被抓起来了。问他：谁教你的？他说没人教啊，我自个儿琢磨的。官差不信呐，打他！打得曾静胡说八道，最后说：这个创意啊，是从吕留良那儿学来的。

这曾静是想耍个心眼儿，因为这时候吕留良都死了好几十年了，连他长子都死好几年了。曾静大概想的是，我说一死人，死无对证，你们也就没招儿了吧？

但雍正是什么人啊，对不对？"什么？谋反的主凶已经死了？行，挖坟！"把爷儿俩的尸体掏出来，咔咔咔一顿切。"还有谁活着？""二儿子活着。"斩立决！其他的亲眷族人全部发配边疆。

这吕留良，就是吕四娘的爷爷。所以说，吕四娘和雍正这仇，结得有点不可理喻。

不管怎么说吧，这仇是结下了。吕四娘本来也是要发配边疆的，但案发的时候没在家，听到消息就跑了。然后隐居在名山仙刹，拜僧尼为师，苦学绝技，然后浪迹江湖，行侠仗义。

雍正十三年的秋天，吕四娘在圆明园找着了机会，一剑刺死雍正,带着首级离开。当然,这都是传说野史,记录在《满清外史》《清宫遗闻》《清代述异》里头。

有人就说了,荆轲之后之所以男刺客就没了,那是因为秦始皇之后都是"皇帝",身边戒备森严,男的不容易靠近。女的就不一样了,侍卫们一看来的是一妇女,就没那么紧张,戒备也不严;再一个,女的能用美人计啊!

但这儿呢,咱们必须要说,用美人计的间谍有很多,但是用美人计的女刺客就……咱这么说吧,您到专业的拳击队、柔道队那儿瞧瞧……不是特别适合用美人计。所以,不要有成见,觉得女人当刺客只能凭颜值。反正咱们历史上说的那些,人家都是凭能耐完成工作的。

中国历史上有记载的第一位女刺客叫女艾,夏朝人。虽然现在国外的史学界对中国夏朝的存在还有争议,但中国人坚信它是真实存在的。这个女艾的事迹记录在哪呢?《左传·哀公元年》:"少康使女艾谍浇,使季杼诱豷,遂灭过、戈。"什么意思呢?少康啊,派了个少女"艾",去"浇"——这是个人名——的身边当间谍,最后把"过"和"戈"这俩国给灭了。

其实这个记载里边也没说这人是男是女,因为"女"也是百家姓里的一个,所以也可以说是派了一个叫"女艾"的人去当间谍。咱就不玩命矫情这个了,因为大多数人还是认为这人就是个女的。另外,《左传》中说的"谍",是间谍的意思,但那时候的间谍通常还有刺杀任务,而且这女艾最后确实完成的就是刺杀的任务,所以说她是刺客比说是间谍更贴切。

女艾的故事,得从少康说起。少康是夏朝的第六代君主,祖父太康因为疏于朝政,被手下一个叫寒浞的人取代了。父亲叫"相",也在颠沛流离中被追杀而死。他的母亲有孕在身,从墙上的狗洞里爬出去了,跑回娘家生下了少康。

这少康天资聪明,一懂人事之后,母亲就告诉他了:"你其实是天子,但是你爷爷玩物丧志,把国家玩没了。我看你骨骼清奇,是个当天子的料,你要努力。"——这都是我说的,反正就是给他洗脑呗。从此,少康发愤图强,立志要夺回天下。虞国的国君看到少康年少有志,把俩闺女都嫁给他,并给了他十里土地和五百名奴隶,少康由此开始了复国中兴的计划。

当时,寒浞因为已经占据夏朝基业,力量非常雄厚,人口、土地、武器装备,都大大地优于少康。少康一想,我要复国,但不能鲁莽啊。您想想,给他十里地、五百个人,还没一个街道办大呢，鲁莽就是找死啊。于是就想别的招了，得选派间谍，寻机铲除寒浞的重要羽翼，逐渐削弱对手，进而寻找胜机。女艾，就是在这会儿让少康选定执行这次行刺任务的人。

女艾先是到了一个国，叫"有穷"——一听这名儿，您就知道发不了财。这里的国君，其实就是行政长官，叫"浇"，他是寒浞的左膀右臂，据说力大无穷，可以在陆地上推着船走。很显然，这要是力敌肯定吃亏，所以女艾决定伏击他。

满处问去吧！打听这浇有什么习惯，以便找到漏洞。您甭说，真打听着了。这浇有两个弱点：第一，他有一个相好的寡妇叫女岐，经常在她家过夜；第二呢，他酷爱一个人出去打猎。这两个时候，他身边的戒备最低。女艾一想，这俩机会里边，还是寡妇家好下手啊！带着刀就去了，透过窗户借着月光一看，嗬，床上真有人！拔出兵刃扑上去，一刀把被子里的人给杀了。结果撩开被子一看，得，死的是那寡妇，浇就没来。

不知道女艾对过夜是不是有什么误解，反正人已经杀了，得，一不做二不休，直接奔郊外的猎场去埋伏浇。

女艾扮作猎人的模样，带着几名得力的随从和几只凶猛的猎狗，在猎场埋伏下来，等着吧！

嚆，还真来了！一看浇来了，女艾大喝一声：放狗！这就是女艾聪明的地方，先把狗放出去，然后趁着乱一刀砍下了他的首级，成功铲除了寒浞这个得力的帮凶，为少康复国立下汗马功劳。

咱们说的这几个女刺客，要么太过古远、不可考证，要么就是传说野史。但是还有一个真真正正、确确实实、有史可查的人物——施剑翘。

1935年11月13日下午6时，天津的《新天津报》发出号外：《施从滨有女复仇，孙传芳佛堂毙命》。我们之前有一个评书叫《天津时事》，其中有一个回目就是这个，叫《血溅佛堂》。

这个施从滨，就是施剑翘的父亲，当年他是奉系第二军的军长、前敌总指挥。1925年的时候，奉系军阀张宗昌和直系军阀孙传芳争夺安徽和江苏的地盘。孙传芳给施从滨发过三封电报，让他跟自己合作，但施从滨呢，没搭理他，带着部队就扑上来了，但他孤军深入，让孙传芳在皖北固镇击败并且俘虏了。这真是"天堂有路你不走，地狱无门自来投"，想当初三封电报好言相劝，你不听我的，这回逮着了,那还有好果子吃?孙传芳下令,把施从滨枭首示众。老听评书里边有这个"枭首示众",很多人觉得就是砍头。其实枭首还不是简单的砍头,它主要是为了示众:砍下来,装笼子里,挂在城门上。所以"枭首"俩字后头都会跟"示众"。一般只有罪大恶极、斩首已经不足以惩罚你了,才枭首示众,意思就是不光要你死,还要羞辱你。

本来两军阵前,你死我活的都很正常,但常言道"杀人不过头点地",这孙传芳杀俘虏,还枭首示众,就有点欺人太甚了。消息传到施从滨的女儿施剑翘耳朵里,怒从心头起,恶向胆边生啊,咬碎了银牙要为父亲报仇。

报仇,说起来容易,但人家孙传芳什么角色?也是一方枭雄,手握重兵啊,哪那么容易让你杀?再有一点,这年施剑翘已经二十岁了,从小受父亲宠爱,深居闺阁,还缠过足,作为一个弱女子,报仇就更难了。但为了报仇,施剑翘写诗明志:"被俘牺牲无公理,暴尸悬首灭人情。痛亲谁识儿心苦,誓报父仇不顾身。"

这是要拼命。

可能现代年轻人对小脚没有什么概念。所谓"三寸金莲",真的不是夸张或者艺术的修辞,旧社会小脚女人的脚真是三寸来长。你就想,三寸来长就一根烟卷儿那么长吧,咱别说翻墙跃脊、跑跑跳跳，这玩意儿走道都不利索啊，跟鸭子似的，你怎么刺杀呀。——你去刺杀孙传芳，孙传芳一抬头，一瞧那儿拧着拧着、走得跟鸭子似的过来，你是想把目标笑死吗？

再一个呢，小脚是在女孩很小的时候，四到六岁，就把整个脚掌的骨头掰折，用裹脚布缠起来，打这儿起，这脚就不会再发育了。所以放脚在当时来说，是非常困难而且成功率很低的事情，折了的脚掌骨得一根一根重新接起来，这人还得不停地锻炼，恢复脚部的肌肉和力量。你看电影《邪不压正》里头周韵演的那个人，就是以施剑翘为原型的。

复仇的第二步，就是得练枪法。这个好理解，孙传芳不能站在那让你乒乒乓乓一顿打呀，开枪的机会转瞬即逝，打不准，也就不会再有机会了。

到了1928年，施剑翘觉得报仇的机会来了。在施从滨遇害三周年的忌日上，施剑翘遇到了同乡，叫施靖公，这个人当时任山西军阀阎锡山部的谍报股长，是施剑翘弟弟的军校同学。施靖公表示，愿意承担报仇雪恨这个大事。那个年头，替父报仇那是大恩呐，无以为报，以身相许。施剑翘与施靖公结婚，迁居太原。

时间一晃就到了1935年。这个时候，施靖公已经被提拔为旅长了,但每次施剑翘催他报仇,他都是推三阻四的。施剑翘看明白了,这人指不上了,带着儿女离开了施靖公。报仇,还得是自己来!

孙传芳这个时候已经失势了,寓居在天津,并且信佛,成了居士林的居士。施剑翘改了个名儿叫"董慧",托一位女居士介绍,加入了居士林。施剑翘通过各种途径了解孙传芳的身貌、口音及活动规律,知道他每周三、六必到居士林听经,随即做了刺杀的具体安排:把准备好的《告国人书》和遗嘱印出来,打算行刺之后散发;把11月13日,定为替父报仇的日子。

1935年11月13日,正是讲经日。孙传芳端坐在佛堂中央。施剑翘本来坐在后边,挨着火炉子,离得远,她找了一借口,"这儿热!"往前边儿挪。人说,那你就过去吧!她站起来,伸手把衣襟下的手枪拿出来,快步走到孙传芳的身后。众居士正闭目诵经,她这儿掏出勃朗宁手枪,对准孙传芳的后脑勺"啪"就是一发子弹,接着,奔太阳穴和腰上各打一枪。

枪声一响,佛堂大乱。那能不乱吗?大伙儿哭爹喊妈往外跑,施剑翘就把准备好的《告国人书》和父亲的遗像哗啦一扔:"你们别害怕!"把话一说,拨通了警局的电话,自首。

　　这个案子在中国引起轰动。施剑翘先是被判十年监禁，后又改判七年，最后在多方救援之下，1936年10月14日，入狱十一个月之后，时任中华民国政府主席的林森向全国发布公告，赦免了施剑翘。

　　刺客这个职业，对今天的人来说已经没有什么现实意义了。但通过女刺客的故事，我们对女人，尤其是中国女人可能会有一个完全不一样的认知——别看平时她们很柔弱，但论吃苦耐劳、卧薪尝胆，没输过男人。尤其是现代社会，对人的体格、力量的需要越来越低的时候，女人比男人心思细腻多了，这还了得？！

（全书终）

## 郭德纲

天津人,相声演员,德云社班主。

1979年投身艺坛,先拜高庆海习评书,后随常宝丰学相声,又师从相声大师侯耀文。辗转梨园多年,涉猎京剧、评剧、河北梆子等剧种。

1996年与张文顺等创立北京相声大会,2003年更名为德云社。

## 郭德纲文史专场

《文史专家》
《你要高雅》
《我是文学家》

**我是文学家**

---

产品经理：王　胥　　营销经理：班　欢
技术编辑：顾逸飞　　特约印制：梁拥军
产品监制：贺彦军　　策 划 人：吴　畏

## 图书在版编目（CIP）数据

我是文学家 / 郭德纲著. -- 杭州：浙江文艺出版社，2020.6
ISBN 978-7-5339-6125-1

Ⅰ. ①我… Ⅱ. ①郭… Ⅲ. ①作家－生平事迹－中国－古代－通俗读物②中国文学－古代文学史－通俗读物 Ⅳ. ①K825.6-49②I209.2-49

中国版本图书馆CIP数据核字(2020)第092865号

**我是文学家**
郭德纲 著

责任编辑　金荣良

出版发行　浙江文艺出版社
地　　址　杭州市体育场路347号　邮编 310006
网　　址　www.zjwycbs.cn
经　　销　浙江省新华书店集团有限公司
　　　　　果麦文化传媒股份有限公司
印　　刷　河北鹏润印刷有限公司
开　　本　880毫米×1230毫米　1/32
字　　数　92千字
印　　张　5.5
印　　数　1—40,000
版　　次　2020年6月第1版
印　　次　2020年6月第1次印刷
书　　号　ISBN 978-7-5339-6125-1
定　　价　39.80元

版权所有　侵权必究
如发现印装质量问题，影响阅读，请联系021-64386496调换。